〈社会〉を読み解く技法

質的調査法への招待

北澤　毅・古賀正義　編著

福村出版

Ⓡ〈日本複製権センター委託出版物〉
本書を無断で複写複製(コピー)することは、著作権法上の例外を除き、禁じられています。本書をコピーされる場合は、事前に日本複製権センター(JRRC)の許諾を受けてください。
JRRC〈http://www.jrrc.or.jp　e-mail：jrrc_info@jrrc.or.jp　電話：03-3401-2382〉

まえがき

　本書は，サブタイトルにもあるように質的調査法への招待を意図している。誰を招待したいのかといえば，社会調査というものに初めて接する可能性のある学部学生や大学院修士課程の学生たちを，とりあえずは想定している。なかでも，社会学や教育社会学を専攻している学生を意識しているが，もちろんそれだけにとどまらず，質的調査法に関心をもっている人なら誰に対してでも，何らかの刺激を提供できればと考えている。

　本書の執筆陣は，1人の社会学徒以外の全員が，ほぼ同時代に，筑波大学大学院博士課程で教育社会学を専攻したという経歴をもっている。それゆえ，本書で使用されている質的データの多くは，教育にかかわる場面から採集されている。しかし本書が目指しているのは，〈教育〉を読み解くというよりは，教育に関わる質的データを通して〈社会〉を読み解くためのエクササイズを試みることにある。その意味で，広く教育学から社会学までを専攻し，かつ質的調査法に関心のあるすべての学生および研究者に対する招待状とならんことを意図している。

　「新しい教育社会学」や「解釈的アプローチ」といったいい方が，日本の教育社会学会で流通するようになってきたのは，1970年代後半，より鮮明には1980年代に入ってからであっただろうか。数量化Ⅲ類に象徴される統計的手法が全盛であった時期に，解釈的アプローチは新鮮な刺激をもって受け入れられていったのであるが，当初は，「質的データの使用＝解釈的アプローチの実践」といった素朴な誤解を引き起こすほどの混乱がいたるところでみられたように思う。というより，そうした誤解と混乱は，現在でも根強く存在しているように思えてならない。端的にいって，会話データであれドキュメントデータであれ，質的データの利用法はひと通りではない。問題意識や理論的立場の違いによって，データの利用法は決定的に違ってくるということである。具体的なことは，各章で展開されているのでそちらに譲ることにするが，つまりは方法やデータの性質といったことに，よりセンシティブになる必要があるということである。これは本書の執筆者にとっても他人事ではなく，そしておそらく，実証科学に携わろうとするすべての学徒に求められる資質ではないかと思われる。その意味で本書は，サックス

の顰(ひそ)みにならうなら,「質的データの利用法」についての実践の書であることを目指している。もちろん,そうした本書の意図が成功しているかどうかは,ひとえに,今この本を手にとってくれている読者の判断にゆだねられているということはいうまでもないことであるが。

*

さて,本書が成立するまでの経緯について簡単に述べておこう。この本の企画について,編者2人の間で議論を始めたのは,1995年の6月頃であったかと思う。1人が東京,1人が仙台に在住ということもあって,最初の企画案作成までのおよそ2カ月間というものは,2人の間で頻繁に電子メールでのやりとりをした。そうしたやりとりをとおして作成された当初の企画案では,量的調査にせよ質的調査にせよ,社会調査というものを初めて学び実施する可能性のある学部生レベルに対して,質的調査法についての入門書をつくることが意図されていた。なぜかといえば,質的調査法を主題にした入門書の類が,日本語で読めるものとしてはほとんど存在していないように思われたからである。社会調査法のテキストといえば,ほとんど例外なく統計的手法を用いた量的調査法(質問紙調査法)についての記述に始まり,質的調査法は,量的調査法の不備を補う補足的な位置づけという扱い方が,長い間のほぼ定型であったように思う。たしかに,近年刊行されつつある社会調査法のテキスト類のなかでの質的調査法の扱い方には変化の兆しが見られるが,本書の企画段階でまず第一に目指したことは,質的調査法を主題とする本づくりということであった。しかも,質的調査法についての単なる概説ではなく,執筆者各自がこれまでにかかわってきた質的調査研究を事例として使用しながら,それぞれの質的調査法が何を目指しているのかを,より具体的に提示してみたいということであった。ただ,本書をあらためて今通読してみると,1章から3章までが初学者を意識して入門書的に書かれているのに対し,4章以降は,かなり抽象度の高い議論が展開されていて,入門書というには,少々難解な内容になってしまったかもしれない。そのような事情もあって,タイトルから「入門」という表記をやめ「招待」にしたといういきさつがあることを告白しておこう。

*

すでに述べたように,本書の執筆陣は,ほぼ全員が,同時代に,筑波大学で教育社会学を専攻している。当時の教育社会学研究室では,山村賢明先生(文教大

学)が質的調査をメインに，そして門脇厚司先生（筑波大学）が量的調査をメインとして，ともに精力的な研究調査活動を実践，指導されていた。われわれは，そうした環境のなかで，それぞれの調査法を直接学ぶ機会に恵まれた。その経験が，本書のなかにどれほど活かされているかは心もとない限りであるが，まずはじめに，お二人の先生に感謝の念をもって本書を捧げたいと思う。さらには，山村先生，陣内靖彦先生（東京学芸大学），永井聖二先生（群馬県立女子大学）を中心とした「教育問題研究会」のメンバーにも感謝したい。本書作成の直接の母胎は，執筆者全員が参加しているこの研究会であり，企画案から執筆者各自の草稿にいたるまで，実に貴重なアドバイスを頂戴することができた。

　そして最後に，本書刊行の機会を与えて下さった福村出版編集部の方々に，心よりお礼を申し上げたい。

　　1997年2月

編　者
北　澤　　　毅
古　賀　正　義

目　次

まえがき

I部　質的調査の方法と事例研究

1章　質的調査法とは何か……………………………古賀　正義……14
　1節　はじめに――「調査」の営み………………………………14
　2節　質的調査法と量的調査法……………………………………15
　3節　経験的科学と解釈主義………………………………………17
　4節　研究目的・理論と具体的技法………………………………20

2章　質的調査の技法………………………………片桐　隆嗣……23
　1節　はじめに………………………………………………………23
　2節　インタビュー調査……………………………………………24
　　1　インタビュー調査の種類
　　2　インフォーマル・インタビューの技術
　　3　インフォーマル・インタビューの戦術
　3節　参与観察法……………………………………………………28
　　1　観察法における参与観察の位置づけ
　　2　参与観察の技術
　　3　参与観察の戦術
　4節　映像データ分析………………………………………………33
　　1　映像データの特性
　　2　映像データ分析の技術
　　3　映像データ分析の戦術
　5節　ドキュメント分析……………………………………………38
　　1　データとしてのドキュメント
　　2　ドキュメントの活用 I ――生活史研究

3　ドキュメントの活用Ⅱ──構築主義研究

3章　インタビュー調査とリアリティ構成
　　　　──日本人留学生の社会構築　………………森　俊太……45
1節　はじめに …………………………………………………………………45
2節　インタビュー調査 ………………………………………………………45
　　1　インタビュー調査とは
　　2　インタビュー調査と構築主義研究
3節　日本人留学生の社会構築──調査の実際 ……………………………48
　　1　研究の概要
　　2　研究の動機
　　3　理論的枠組みの選択
　　4　調査の準備
　　5　インタビュー項目の準備
4節　インタビュー調査の実施 ………………………………………………62
　　1　相互作用とインタビュー
　　2　用語と表現
　　3　服装・マナー
　　4　アルコール
　　5　テープレコーダー
　　6　インタビューの記録・記述
　　7　インタビュー前後の心構え
　　8　インタビューの解釈と分析
5節　おわりに──インタビューと道徳的言説としての社会構築 ………69

4章　参与観察法と多声法的エスノグラフィー
　　　　──学校調査の経験から ………………古賀　正義……72
1節　はじめに …………………………………………………………………72
　　1　エスノグラフィーとは何か
　　2　エスノグラフィーの再発見

3　多声法の提唱
　2節　エスノグラフィーのリアリズム幻想 …………………………75
　　　1　エスノグラフィーへのニーズの拡大
　　　2　「いきいきとしたエスノグラフィー」という神話
　　　3　無自覚なリアリズム信仰
　　　4　エスノグラフィーのオーディエンス
　　　5　エスノグラフィーの生産過程
　3節　新たなエスノグラフィーの可能性 …………………………81
　　　1　エスノグラフィーの社会的構成
　　　2　「開かれた現実」としてのエスノグラフィー
　　　3　調査者の特権性
　　　4　新たな調査者のスタンス
　　　5　多声法的な民族誌の試み
　4節　スクール・エスノグラフィーの事例から …………………89
　　　1　研究の背景
　　　2　「エピソード」を語り合う
　　　3　多声法の応用可能性を模索して

5章　ドキュメント分析と構築主義研究
──「いじめ」問題に関するドキュメントデータを素材として
…………………………………………北澤　毅……94

　1節　はじめに ……………………………………………………94
　　　1　「いじめ自殺」の問いかけていること──「事実」と「規範的言説」
　　　2　「問い」と研究方法
　2節　研究方法としての構築主義 …………………………………97
　　　1　構築主義的アプローチとは何か
　　　2　方法としての構築主義
　　　3　社会をみる枠組みとしての理論
　3節　「いじめ問題」言説の特徴 ………………………………101
　　　1　他者の「苦痛」の理解可能性について──「いじめ」定義の特徴から

2　「いじめ集団の４層構造」モデルの特徴——「認識の一致」という前提
　　3　「発見」の道具としての理論
　4節　社会的相互行為の特徴 ……………………………………………105
　　1　シュッツの「視界の相互性」論
　　2　「認識の一致」から「方法の一致」へ——ドキュメント的解釈法
　　3　リアリティ分離の２つのデータ——証言集と質問紙調査結果より
　5節　「理論」と「実践」——社会学者の「位置」について ……………113

6章　映像テクストと物語的アプローチ ……………瀬戸　知也……116
　「はじめに」に代えて ……………………………………………116
　1節　「物語論」と「物語」論 ……………………………………116
　　1　「物語論」の展開
　　2　「物語」論の展開
　2節　「物語的アプローチ」を考える ……………………………119
　　1　「物語」の諸相をどうとらえるか
　　2　「物語」をめぐる行為者をどうとらえるか
　　3　「物語」はどのように分析されるか
　3節　「カスパー・ハウザー問題」を考える ……………………124
　　1　「カスパー・ハウザー」をめぐる物語群から
　　2　「カスパー・ハウザー問題」の検討
　4節　物語という暴力あるいはパロディ？ ………………………131
　　1　「物語」という暴力から
　　2　「アイロニー」の戦略あるいは「パロディ」というジャンル

7章　音声データ分析と会話分析 ……………………阿部　耕也……139
　1節　は　じ　め　に …………………………………………………139
　2節　研究事例から ……………………………………………………140
　　1　問　題　設　定
　　2　データについて
　　3　理　論　的　背　景

4　分　　析
　　　5　結　論　へ
　3節　「会話から」から「会話へ」へ ……………………………………149
　　　1　会話という対象
　　　2　サックスの問題圏
　　　3　会話分析という対象
　　　4　会話分析という技法

II部　質的調査の可能性

8章　社会的構成物としての調査──「よそ者」論の視点から
　　　………………………………………………清矢　良崇……160
　1節　は じ め に ……………………………………………………160
　2節　問 題 設 定 ……………………………………………………160
　3節　「よそ者」としての調査者 …………………………………162
　4節　「訪問客」としての調査者 …………………………………168
　5節　社会的構成物としての調査 …………………………………172

9章　研究理論と調査法──「質対量」論争を越えて（座談会）
　　　………苅谷剛彦・北澤　毅・古賀正義・陣内靖彦・清矢良崇・山村賢明……177

10章　質的調査の可能性を求めて──秩序への意志 ………北澤　毅……193
　1節　は じ め に ……………………………………………………193
　2節　社会観の対立──デュルケムとガーフィンケル ……………193
　　　1　デュルケムの社会観
　　　2　ガーフィンケルの社会観
　3節　行為者の視点に立つとは──「意味の解釈」か「方法の記述」か ………196
　　　1　意味の解釈
　　　2　方法の記述
　　　3　秩序への意志
　4節　社会学的観察のススメ ………………………………………199

目　　次　11………

文献リスト
人名索引
事項索引

Ⅰ部
質的調査の方法と事例研究

1章　質的調査法とは何か

1節　はじめに——「調査」の営み

　社会学や教育学などを学ぶ人たちは，大学の講義の一環として調査法や調査実習といった科目を履修することがあるだろう。調査の対象者となってアンケートに答えたことのある人は多いだろうが，自分で調査を実施した人はほとんどいないので，そうなってからあわててアンケート調査のノウハウや報告書の書き方などの本を読み始めることになる。その結果，多くの場合，調査とは自分にとって縁遠い難しいものであって，研究者のための専門的活動であると理解し，数学が苦手でパソコンのできない私にはあまり向かないものらしいと思いこんでしまう。その際，調査の営みは日常の暮らしとは切り離されて理解されるから，調査の本質的な意義は省みられず，学問としての社会的権威や科学的装いばかりが調査のステレオタイプなイメージとなって残りやすい。そして，専門研究者のなかにさえこうした統計的手法からの調査イメージは根強い[1]。

　しかしながら，エスノメソドロジーという新しい社会学の流れをつくりだした人物のひとりサックス（Sacks,H.）は，一般の人々も日常生活のなかで物事を理解し実践する探索的方法をもっているのであって，その方法を精確に理解することこそが社会学的調査の重要な役割であるとして，次のように述べている。

　　　社会学は，実際の出来事の細部を形式的に扱いうるものでなくてはならず，未開の科学がそうであるように，直接的にそれら細部についての情報を与えてくれるものでなければならない。つまり，言われていることが本当なのかどうかをだれもが調べうる学問でなければならない。そうでなければ，社会学は生きた科学（制御装置）にはなりえないだろうと，私は思う[2]。

　サックスは，もちろんここで専門家による研究の意義を軽視しているのではなく，一般の人々による日常的な出来事の理解に接近しつつ信頼性の高い実証研究を行うことの重要性を説いている。だが彼の論述からは，私たち自身も日常生活のなかでほとんど意識することなくいわば素朴な「調査的行為」を行っていて，

それがなければ自分たちの体験を整理し安定した認識を構成しえないことがわかり，その行為を「生きた科学」として精製し確立することに調査の本質的意義があることも理解できるのだ。「会話分析」とよばれる独自の研究方法は，こうした日常性に立脚したサックスの視点から生み出されたものであった。

　一般に社会科学における経験的研究は，理論—対象—方法という３つの要素から構成され，その相互関係が論理的な一貫性をもてばもつほど研究の価値が高められるといわれる。つまり，研究上の問題意識を核としながら，各要素が的確に関連づけられ整合性をもつことが求められるのである。これは個別な調査研究にもあてはまることであって，調査方法の設定は，研究上の課題選択やその理論的背景などから切り離して考えることはできず，こうした学問的な認識を実際的な経験によってテストし確証していくための戦略として位置づけられなければならない。その意味でサックスの指摘は，「調査」というものの営みを自然科学的な世界からだけではなく日常生活世界からも構築していくための重要な問題提起をしているといえよう。

　そして，本章で論じる「質的調査法」が近年多くの研究者たちの関心をよんでいるのも，こうした調査という営みそのものへの問いかけがいっそう重要になってきたからにほかならない。

2節　質的調査法と量的調査法

　だがそもそも，調査方法なるものを包括的に論じることはそれほど簡単ではない。なぜなら，方法とは具体的な調査技法から狭義の学問的な方法論までにおよぶさまざまなレベルで検討されうるものであり，調査の個別な問題設定によっても多様な形態をとりうるものだからである。そこでまずは辞書的な定義から確認しておくことにしよう。

　「質的調査法」という用語は必ずしも学問的に確定されたものではない。試みに手元にある近年刊行された諸辞典をみても，「質的調査」や「質的データ分析」などほぼ同義の項目がみられるものの，「質的調査法」の項目はほとんどみられない[3]。そこで『社会学事典』の類項を参考にして考えてみると，「質的調査法」は統計的手法（量的調査法）と対比されておおよそ次のように位置づけられているとみられる。

(1) 手紙や日記などの個人ドキュメントや参与観察をはじめとしたさまざまな行動観察の記録など、多次元的な要因が絡み合いつつ顕現している事例記録をデータ（質的データ）として分析するもの。世論調査のような統計処理を前提とした意見採取のデータ（量的データ）を扱う調査と区別される。

(2) 資料データの蒐集法・比較法・分析法そのものが、資料の特質と密接にかかわらざるをえないため、標準化が困難である。均質な単位形式や数量表現を用いて標準化がなされやすい統計的研究法（量的調査法）と異なる。

(1)は質的調査法におけるデータ採取の特質を、(2)はデータ分析の特質をそれぞれ説明したものである。前者では、ドキュメント分析や参与観察法、インタビューなど具体的な調査技法をあげながら、この方法においてはインテンシブ（集約的）で記述的なデータが採取されやすく、現実の複雑性に接近したデータとなることが指摘されている。そして反面、アンケート調査や実験法などのように、エクステンシブ（広範囲）で計量的なデータを採取することができないため、データの「代表性」に欠けることも指摘されている。また、後者では、採取されたデータが定型化されておらず多義的なものであるため、分析に際して「深い解釈」や「分厚い記述」が可能になるものの、不精確な観察や恣意的な推論が入り込む余地はきわめて大きくなり、分析の「標準化」が困難になると指摘されている。

こうした位置づけはきわめて一般的なものであろう。つまり、まず「量的調査法」という自然科学研究をモデルとした精緻な統計的計量的研究法があり、「実証主義」の観念を基盤とした仮説検証型の分析方法が提示されていく。次いで、それとの比較で「質的調査法」が対抗的なあるいは残余的な方法であるが、直接的に現実に接近した方法として位置づけられる。もちろんここで質的調査法は各学問領域で用いられてきた具体的な調査技法の総称として理解されるから、たとえばライフヒストリーや映像データ分析など、どの範囲の技法までを含めるかについては時々にかなりの差異が生じることになるが、質的調査法が非実証主義的方法であるという消極的な評価そのものはほとんど揺らぐことがない。そして、こうした認識は、1980年頃までの社会科学理論の動向（たとえば、構造機能主義の優位とそれに密着した量的調査法との関係など）や学問研究の社会状況（たとえば、学会での評価基準や政策的提言への貢献など）とも関連しながら、現在もなお維持され続けているといえるのである[4]。

だが、もちろんこうした方法の評価に対しては異論を示す動きもないわけでは

なかった。その中でも，たとえば社会学者見田宗介は，質的調査法には量的調査法と異なる固有の持ち味があり，前者が「おもしろいが，たしかさがない」立論になるのに対して，後者が「たしかだが，おもしろくない」分析に終わりがちだと指摘し，そのうえで，質的データには次のような量的データに固有の欠点を補いうる特質があると述べている[5]。

(1) 追体験的な了解可能性
(2) 総合的・多次元的な把握
(3) 変化のプロセスや可能性に関する動的な把握

こうした特質は，量的調査法にはない現実のいきいきとした具体性や直接性の伝達を保障して，柔軟で社会生活に密着した調査を可能にするという。そして仮に，質的データが「平均的」でない「例外的」事例であっても，十分に有効な戦略的データとなりうるのであって，それは自然科学研究においてさえたびたびみられる事実であると説いている。さらに見田は，「多段式の分析」とよばれるような，問題発見や仮説設定の手段などとして質的調査法を活用し量的調査法と組み合わせて利用するという折衷的方法論の可能性も提案しているのである。彼の考え方は，現在フィールドワークなどによってリアリティ復権の重要性を唱える研究者たちにも基本的に支持され続けているものであるといえようが[6]，そこには，自然科学的方法論を基盤としながらも，そうしたリアリティ論議を越えて，社会的事実の「了解可能性」(「理解した」と納得できる感覚)を追求する方法として質的調査法に期待を寄せる側面が存在していたのであった。

3節　経験的科学と解釈主義

では，なぜ私たちは統計的手法（量的調査法）に対して「科学的」という認識をもち，信頼を寄せてきたのだろうか。その理由を考えるために，調査を通して「科学的に実証する」とはどのようなことなのかを簡単に確認しておかなくてはなるまい。

一般に科学的理解とは何かと問えば，「現象を説明すること」それも「現象の因果関係を明らかにすること」であるという答えが返ってくるだろう。これは，自然科学ばかりでなく，社会科学でも同様であるといえよう。つまり，まず現象に関連すると思われるいくつかの変数をとりあげ，それぞれについてのデータを

数量化し，変数間の関係を確率的統計的に処理しその関係を確定するという方法（統計的方法）が実証としてイメージされる。

しかしながら，すでに多くの科学史研究が教えるように，こうした理解は近代の特殊な知の形態として成立してきたものであって，決して普遍的な認識ではない。また，社会科学のように社会変動に対応しながら現象の意味を探求する学問領域にとっては常に有益な理解ともいいがたい[7]。

そのため，たとえば研究方法論の問題から科学理解の転換を求める今田高俊は，「科学」を，学問的認識や理論と実際に存在する経験とを一定の理性的手続きを通してつき合わせていく営みとして，より広義に理解すべきだとし，次のように述べる。

　　社会科学研究に従事する一員としての意見を述べるなら，認識論と存在論を架橋するのが科学であり，その手続きが方法論であると考えたい。……科学とは理論（命題・法則）を経験につなぐ作業のことであり，この意味で認識の存在接続と表現できるだろう[8]。

ここで今田は，このような意味での経験的な科学は，単に「実証主義」だけを科学のメンバーとするのではなく，「解釈主義」による研究もまたそのメンバーに加えていくことになると指摘する。つまり，実際に客観的に測定可能なことによって素朴に存在を考えられる経験（たとえば，日本経済のＧＮＰ水準など）による理論の確定ばかりでなく，人が体験を通して存在の意味を感じとる経験（たとえば，日本文化としての「甘え」など）によるそれも「科学」となりえて，歴史的社会的に構築されてきた意味を通して経験の「了解可能性」に接近する「解釈主義」の方法も科学的方法として認知できると述べている。この今田の指摘は，従来の近代理性からの科学観を担保し，「科学的客観性」に留保をつけたうえで，自然科学ばかりでなく理解科学をも視野に入れた研究方法の相対的な位置づけに従事すべきことを示唆している。

そこで今田は，こうした科学観に立つとき，純粋型としては研究方法を次の3つのスタイルに整理できるとしている。それらは，第1に仮説演繹法，第2に観察帰納法，第3に意味解釈法である（図1-1参照）[9]。第1の方法は，すでに実証主義的方法として，いわば量的調査法のモデルとして述べてきたものであり，仮説の設定─論理的演繹的な推論─反証不可能と確定された結果の提示という一連の形式をとるものである。当然，研究対象には，抽象的で普遍的なものを志向

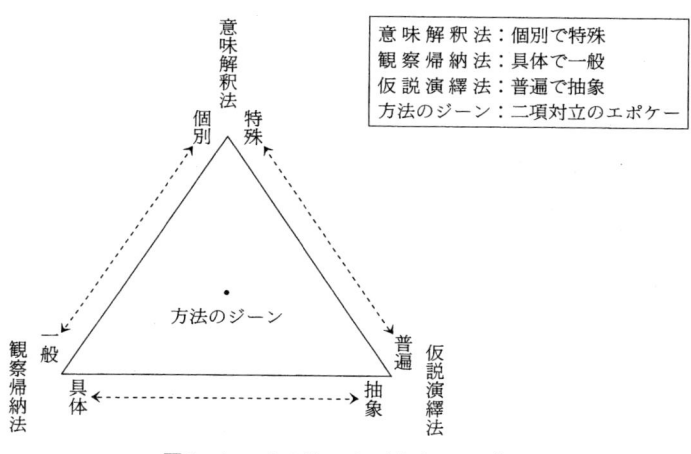

図1-1　メソドロジー（方法モデル）の三角形

することになる。第3の方法は，解釈主義的方法として，いわば質的調査法の基本的モデルとなりうるものである。つまり，現象の社会的意味——一貫性のある自省的な意識化作用としての解釈手続き——その説明による納得した理解や了解への到達という一連の過程をとるものである。研究対象は，もちろん特殊個別であってもよい。たとえば，エスノメソドロジーや現象学的社会学など「解釈的アプローチ」の立場に立つ諸研究が，参与観察法や映像（VTR）データ分析などの質的調査法を多用するのは，日常生活の出来事とその社会成員による理解の構造を抽出して，このような「了解可能性」を探求していくからにほかならない（そして，多くの人々の反復的議論がそれを確証させていく）。

　残された第2の観察帰納法は，現場に生起する現象の徹底した観察——その出現を確証するための事後的帰納的な一般化——検証可能な存在としての現象の措定という一連の形式をとるものである。この方法では，過去の経験に根ざして，実際にある現場の条件のなかで現象が起きる可能性が推定され，それが偶発的でない代表的な現象であることが確かめられていく。これは実は実証主義のもう1つの方法論である。しかしながら，質的調査法を活用する場合の別なモデルともみなせる。というのは，この方法では，具体的な経験事例が直接的あるいは間接的な観察法によって研究され，非数量的分析によって結論へと導かれることもあって，前節で述べたような質的調査法の辞書的定義にかなうことになるからだ。

4節 研究目的・理論と具体的技法

　もちろんこの3つのスタイルは理念型なので,実際にはその各要素が組み合わされたり併用される場合の方が多いだろう。が,ここで確認しておくべきなのは,第一に質的調査法が統計的ではないが実証を可能とする「科学的」方法なのであって,第二にそれが研究目的によって帰納法的な実証主義にも,また意味了解的な解釈主義にも(場合によっては,仮説演繹法にさえ)接合しうるということなのである。そのため,たとえば参与観察法といった個別技法をとりあげてみても,それだけではこうしたつながり方自体まで説明しえず,ほとんど調査方法の意義を理解したことにならないのだ。

　そのため第三に,質的調査法を理解しようとするなら,学問的背景の異なるある呼称をもった諸技法を羅列し抽象的に論述してみても意味はなく,むしろ代表的ないくつかの技法を意識的にとりあげて,研究目的や具体的な調査事例との関連のなかから,方法固有の「研究対象の型」や研究(研究者)の「認識的な構え」あるいは「感性の様式」などを追体験的に了解していくことの方が,その方法の意義にじかに接近しうるといえる(そして,こうした諸条件を明示していくことこそが,質的調査法の重要なルールであることもわかろう)。

　そこで,本書では質的調査法の代表的技法として,インタビュー調査,参与観察法,ドキュメント分析,映像テクスト分析,音声データ分析の5つを分析理論と組み合わせながらとりあげる。ここでたとえばインタビューも会話の録音や記録であって音声データではないかといった疑問が生じることもあろうし,それに応えて,前者が意図的会話の達成であるのに対して,後者は自然な日常的対話の記録であるといった区分を設けることもできる。しかし,ここでの区分はあまり厳密なものとはしない。というのは,個々の技法の名称が具体的な調査対象や情報となるデータのイメージを形成し,調査法の学問的背景を導くインデックスを提供するのであれば,ここでの論述の目的を十分に達しうると考えるからである。

　そのため2章では,この技法のなかから社会学の調査法としてすでに一定の評価を有するインタビュー調査,参与観察法,ドキュメント分析,映像データ分析(6章では,すでに映画など作品となった映像を扱うので限定して「映像テクスト」としている)の4つを柱にして概説を試み,音声データ分析についてもそれ

それのなかに織りこむかたちで挿入しながら，質的調査法に初めて触れる人たちへの基本的な研究方法のガイドとなるような論述を試みた（もちろんここで述べられた質的調査法のこれまでの「一般常識」は，時に以下の各章で覆されることになるだろう）。

　I部の3章以下については，質的調査法の個別事例研究がとりあげられる。3章では，日本人留学生の調査経験から，インタビュー調査の実際とその舞台裏が示されることによって，調査対象者のリアリティを再構築していくうえでの方法上のガイドラインとそのジレンマが論じられる。4章では，非進学校調査の経験から，参与観察法を用いることによる研究内容への「リアリティ信仰」に対して疑問が提起され，調査過程の記述をも含みこんだ多声法的な叙述を基盤とする新たな方法論の必要性が説かれる。5章では，「いじめ」に関する新聞報道（ドキュメント）の分析経験から，「いじめ」認識の本質的な不一致を越えて，「いじめ」問題の言説や物語が広く人々のなかに構築され共有されていくプロセスの分析方法が，構築主義の視点から論じられる。6章では，野生児として知られる「カスパー・ハウザー」の映像テクストを含む作品群の分析経験から，物語の構造がそれぞれのテクストをどのように構成しているのかが，物語論の視点さらにはその相対化の可能性から分析される。7章では，電話相談（音声データ）の事例研究の経験から，会話を調査データとして社会構造との関連を探り出そうとする研究方法の問題性が指摘され，サックスの会話分析に拠りながら，会話という営み自体を「社会」として理解し構造的に把握する方法の探求が目指される。このいずれの章もが，解釈主義の理論的背景をもっているといえ，質的調査法の新たな可能性を模索している。それを受けてII部では，質的調査法の今後の可能性を，8章で調査の社会構成的側面の理解から，9章で量的調査法との論争を越える方途から，そして10章でその総括的提案という視座から行っている。

　このように本書を概観してみると，どの章もが一筋縄ではいかない質的調査法への招待になっていることがおわかりいただけるだろうし，また〈社会〉を単に理解し説明することではなく，読み解き解釈していくことに力点があることも改めておわかりになるだろう（そして，この過程こそが「方法」を了解させもしよう）。

　さて，では読者の皆様へ，お待ちかねの5つの技法のシーンを柱とした調査という営みの物語をそろそろ語り始めることにしよう。

注
1) レーガン, C. 鹿又伸夫監訳『社会科学における比較研究――質的分析と計量的分析の統合にむけて』ミネルヴァ書房, 1990/1993.
2) Sacks, H. "Notes on methodology". in Atkinson, J. & Heritage, J. (eds.), Structures of Social Action, Cambridge University Press, 1984, p.26.
3) 見田宗介ほか編『社会学事典』弘文堂, 1988. 他に森岡清美ほか編『新社会学事典』有斐閣, 1993. や, 日本教育社会学会編『新教育社会学辞典』東洋館出版社, 1986. 浜島朗ほか編『新版 社会学小辞典』有斐閣, 1997. など。
4) 山村賢明「教育社会学の研究方法――解釈的アプローチについての覚え書き」柴野昌山編『教育社会学を学ぶ人のために』世界思想社, 1985.
5) 見田宗介『現代社会の社会意識』弘文堂, 1979. p.139-140. および, 見田宗介「『質的』なデータ分析の方法論的な諸問題」『社会学評論』15巻4号, 1965.
6) 佐藤郁哉『フィールドワーク――書を持って街へ出よう』新曜社, 1992.
7) 佐和隆光『虚構と現実――社会科学の「有効性」とは何か』新曜社, 1984.
8) 今田高俊『自己組織性――社会理論の復活』創文社, 1986, p.14
9) 今田, 前掲書. 図1-1は, p.113からの引用.

(古賀正義)

2章　質的調査の技法

1節　はじめに

　調査方法論をめぐるこれまでの議論の1つの特徴は，調査手続きにおける「科学的客観性」の高低に関心が向けられてきた点にある。ちなみに，手元にある何冊かの調査方法論のテキストをひもといてみると，質的調査の技法は，その「科学的客観性」の低さから「事例研究」としてくくられ，量的調査を補足する手法として，あるいは量的調査のカテゴリーに分類できない手法を寄せ集めたものとして扱われている。

　しかしながら，その反面，そこでは，両者によって収集されるデータの特性の違いに十分な関心が向けられてきたとはいいがたい。本章でとりあげることになる質的調査の各技法は，調査対象者が日常的に行っている解釈行為の豊穣さ，微妙さ，ダイナミクスなどを記述していく一連の調査技法である。いずれも調査対象者の観点を強調し，調査対象者の解釈過程そのものを記述することにねらいをおいている。そして，そこで収集されるデータの特性は，調査対象者が日常生活のなかで行っている解釈過程を，ときには多面的に，ときには深層的に，そしてときには日常性を重視して記述したものとなる。その意味では，これらの手法は，量的調査の補足的な役割を果たすものでもなく，寄せ集めの残余的な手法でもない。それ以上の積極的な意味をもっているのである。

　調査対象者の観点からその解釈過程を記述するという調査の目的を達成するために，質的調査ではどのような理論的前提のもとでどのような技法が用意され，それらがどのように活用されているのであろうか。本章では，インタビュー調査，参与観察法，映像データ分析，ドキュメント分析という質的調査の4つの代表的な技法をとりあげ，その実際や一般的な活用方法，調査実施上の留意点などについて述べていくことにする。

2節　インタビュー調査

1　インタビュー調査の種類

インタビュー（あるいは面接）とは，調査者と調査対象者との間で質問―回答形式の相互行為を行いながらデータを収集していく方法である。そこには，量的調査で用いられるものから参与観察で用いられるものまで，多様なバリエーションが存在する。そのなかでも，大きくは，その手続き（質問項目や順序，方法など）が標準化されているかどうかによって，フォーマル・インタビューとインフォーマル・インタビューとに分けることができる。

a　フォーマル・インタビュー

インタビューにかかわる諸手続きが標準化されているものは，「フォーマル・インタビュー」とよばれる。それは，インタビューの際に，調査者があらかじめ質問項目や順序，方法を決め，それに厳密に従いながら回答を得ていくという点に特徴がある。たとえば，世論調査などでよくみられるように，調査員が調査対象者のもとを一軒一軒訪れ，手元の調査票を読み上げ，それについての回答を得るというものである。

インタビューの諸手続きを標準化する目的は，調査者の調査技術の巧拙やパーソナリティといった，回答結果を攪乱（かくらん）する要因をできるだけ排除することで，調査の状況や条件を標準化し，調査の信頼性を確保することにある。それゆえ，世論調査のような，複数の調査員を必要とする大規模な質問紙調査で用いられることが多い。

この手法は，インタビューの諸手続きが調査者に事前に指示されることにより，「指示的面接法」ともよばれる。また，回答者の意識に一定の構造があることを想定して調査票が設計され，それに従って面接を行っていくことから「構造化面接法」ともよばれる。名称の違いはあれ，いずれも調査課題に対する調査者の解釈枠組みを前提にして，調査対象者から回答を得ようとする点に特徴があるため，量的調査におけるインタビューの一形式として位置づけられることが多い。

b　インフォーマル・インタビュー

それに対して，インタビューの諸手続きが標準化されておらず，調査者がそれらを臨機応変に変えながら質問を行い回答を得ていく方法を「インフォーマル・

インタビュー」，あるいは「非指示的面接法」という。また，調査対象者の意識や行動様式の構造を前提としてインタビューを進めるのではなく，意識や行動様式の構造のありようそれ自体を発見していくことをねらいとするため，「非構造化面接法」ともよばれる。

　調査手続きを標準化しない理由は，調査者の解釈枠組みを前提にした質問を行うことを極力避け，調査対象者自身の観点から調査課題に対する解釈や意味づけを得ていこうとするためである。それゆえ，そこでは，回答に関する情報を調査対象者に自由に語らせていく「自由回答方式」が採用されることになる。そのため，調査対象者の関心や話題の流れに沿って柔軟にインタビューを進行させることができること，調査者が回答に対して疑問に思った点や関連した事柄について詳しく質問していくことができることなどが，インフォーマル・インタビューの利点となる。

2　インフォーマル・インタビューの技術

　調査地域に入り込み，そこでの日常的なコミュニケーションのなかから情報を収集していくインタビューの実際や技術については，次節で述べることになる。そこで，ここでは，調査者と調査対象者との間で質問者―回答者という役割が比較的固定化され，両者にとってインタビュー状況が強く意識化されるようなインタビューについてとりあげ，その手続きの実際を追いながら，活用方法や実施の際の留意点などにふれておくことにする。

a　インタビューの依頼

　まず，調査者は，調査対象者にインタビューへの協力をとりつけなければならない。依頼の仕方は，おおむね，口頭（電話）での依頼と文書での依頼とに分けることができる。前者の長所は，相手の反応に応じて説明の仕方を変えていくことができる点にある。その反面，口頭による説明の不完全さから誤解を招いてしまうことも多い。一方，後者の場合には，調査の目的や内容を整理して提示することができるため，調査対象者との間で生じる誤解は減少する。しかしながら，調査対象者が依頼された調査の内容について疑問や不安が生じた場合に，それらを確認できない点がデメリットとなる。

　質的調査の場合には，量的調査のように調査対象者の数に依存することはできない。それゆえ，調査対象者へのアプローチは丁寧かつ慎重に行われることが望

ましい。そこで，口頭での依頼と文書での依頼とのそれぞれの特性をいかし，それらを組み合わせて使っていくという工夫が必要である。具体的には，まず，口頭（電話）で，調査の目的や内容などについて大まかに説明し，次に依頼文書を送付することを調査対象者に承諾してもらう。そして，調査者の方から再度連絡をとり，依頼文書についての疑問点や補足点を説明し，最終的な承認を得るということが望ましい。

　b　インタビューの開始

　調査対象者の協力への了解が得られ，いよいよインタビューが開始される。しかしながら，すぐに本題に入るわけにはいかない。まず，調査者は自らの氏名・所属などを明らかにし，調査の目的や内容，方法について大まかに説明することになる。これらの事柄は，事前の交渉過程で対象者に告げているとはいえ，その場における調査対象者の不安感や警戒感などを取り除くためには省略できない手続きである。

　さらに重要な手続きは，これから行われるインタビューに関するルールの確認である。とりわけ，調査対象者のプライバシーにかかわる事柄の確認は重要である。回答を拒否することができること。収集したデータの取り扱い方。研究成果の発表の際のプライバシーの取り扱い方。そうした点についてのルールをここで確認しておかなければならない。また，テープレコーダーを利用する場合には，当然のことながら，この段階で調査対象者に許可を得ることになる。

　c　本題に関するインタビュー

　質的調査の目的は，調査対象者の日常的な言動を収集することにある。それゆえ，調査に対する不安感や警戒感，緊張感を調査対象者からできるだけ取り除き，日常的なコミュニケーションに近いかたちでインタビューが進行するような雰囲気をつくりあげていくことが重要となる。そのためには，リラックスした雰囲気づくりや調査者との間に信頼関係（ラポール：rapport）を築き上げていく努力がなされなければならない。

　次に重要な点は，調査対象者の言動を尊重するということにある。調査対象者の観点からデータを収集していくという質的調査の目的に立てば，本題にかかわるインタビューでは，調査対象者にできるだけ自由に，しかもたくさんの話をしてもらうということが原則となる。それゆえ，調査者が話の腰を折ったり，内容についての批判や不満を言ったりすることは，避けねばならない。

d　インタビューの終了

　インタビューの一連の手順には，調査対象者・調査者の双方が補足・確認を行う時間が組み込まれていることが重要である。その時間を利用して，調査対象者には言い足りなかった点やインタビュー中に思い出した点などについて補足してもらい，調査者からは内容のあいまいな点や矛盾した点の解明，事実関係の再確認などを行う。そうしたダメ押しは，後の分析に役立つ正確なデータを収集するうえで非常に重要な作業となるはずである。

　3　インフォーマル・インタビューの戦術

　収集しようとするデータの多面性，包括性，深層性，日常性のどのような側面を重視するのかによって，そこで利用される手法も異なってくる。ここでは，インフォーマル・インタビューの戦術として，収集されるデータの性格をめぐる手法の工夫について簡単に紹介しておくことにしよう。

　a　包括的深層的なデータの収集

　情報を多面的に収集するためには，「雪だるま式標本法（snowball sampling method)」——あるいは機縁法——（3節参照）などを利用して，数多くの調査対象者から1つの事象についてさまざまな角度から語ってもらう機会を得るようにすべきである（3節参照）。

　一方，包括的，深層的に情報を得ようとする場合には，調査対象者の数よりも質問形態に工夫をこらす必要がある。そこで一般的に利用されているのが，「掘り下げ型」のインタビューである。これは，最初に広く浅く情報を集めておき，徐々に情報を狭く深くしぼり込んでいくという点に特徴がある。具体的には，まず最初に，調査対象者からできるだけ全体的で広い情報を得るために，一般的な質問を行う。次に，その回答に関連づけながら，具体的個別的な質問を行い，詳しく把握したい事柄や疑問点などについての理解を深めていくというものである。

　b　日常的なデータの収集

　データの日常性を確保するために，インタビューでは，さまざまな手法が考案されてきている。たとえば，参与観察法では，地域生活に参加し，日常的な会話のやりとりのなかから情報を収集していくことになる。また，生活史研究では，長い時間をかけて調査対象者との間にラポールを形成し，その人自身の言葉で人生や歴史を語ってもらうという手法をとる。さらに，エスノメソドロジー研究で

は，データの日常性を厳密に確保するために，インタビュー内容を録画・録音するという手法を採用している。

さらに，質問の形態を工夫することによって，データの日常性を確保しようとする事例もある。ここでは，その代表的な事例であるシコレルとキツセ (Cicourel, A. & Kitsuse, J.) の研究について簡単に紹介しておこう。彼らの研究の特徴は，インタビューを通して回答者が日常的に利用しているカテゴリーの性質と運用方法を明らかにしようとした点にある。そのために，回答者が回答できなかったり，回答につまったりした場合には質問を打ち切るという方法を採用している[1]。言いかえれば，質問を必要以上に掘り下げないことによって，回答者の日常的な表現を収集しようとした点が彼らの手法上の特徴なのである。

3節 参与観察法

Ⅰ 観察法における参与観察の位置づけ

視覚を中心にして調査者が調査対象を直接的に把握し，記述する方法を総称して観察法という。インタビューと同様に観察法にもさまざまなバリエーションが存在する。そして，ここでも，観察の対象・内容・方法などを標準化するかどうかによって，統制的観察法と非統制的観察法とに分けることができる。

a 統制的観察法と非統制的観察法

「統制的観察法」とは，観察対象や項目，観察場面や時間，記録方法などを標準化し，そのフォーマットに従って観察を進めていくものである。統制を行うねらいは，観察対象となる事象の再現性を高め，変数の操作を可能にすることにより，調査の信頼性や客観性を確保するためである。統制的観察法は，観察の項目や方法を厳密にすればするほど調査票を利用した調査の特徴に近づくこと，コーディング作業によって観察内容をカテゴリーに分類しそれを数量的に処理する場合が多いことから，量的調査の性格を色濃くもつことになる。

それに対して，観察の対象や内容，観察状況などを統制せず，調査対象者の解釈や意味づけをできるだけ自然なかたちで観察しようとするのが「非統制的観察法」である。ここでは，どのような対象をどのような条件でどのように観察するのかは，調査者の自由な裁量に任されることになる。

非統制的観察法は，調査者の調査対象への関与の度合いにより，「非参与観察

法」と「参与観察法」に大別される。前者は，調査者が調査対象者の所属する社会や集団の生活に直接的に参加せず，部外者としての立場から観察を行う方法である。たとえば，教育学研究の領域では，調査者が一定期間学校に足を運び，授業観察などを行い，その記録を分析するという手法が多用されている。そして，それが参加観察とよばれることもある。しかしながら，対象集団への調査者の関与の度合いによっては，それらの観察活動が非参与観察の形態にとどまることになるという点には留意しておくようにしたい。

この方法では，外部にあらわれない行為者の解釈過程を把握することができないこと，調査対象者が部外者から観察されているという意識をもつことになり自然のままの状況を観察することが難しくなることなどがデメリットとなる。

b　参与観察法

一方，調査者が対象者の生活する社会や集団に参加し，対象者たちとともに生活することによって，彼らの視点から対象社会の構造や対象者の解釈過程を観察しようとする方法が「参与観察法」である。参与観察法の技法上の最大の特徴は，調査者が対象となる社会や集団の生活に参加するという点にある（それゆえ「参加観察法」ともよばれる）。社会への参加を通して，調査者は，その社会における地位と役割を引き受け，他のメンバーと同じパースペクティブからその社会を理解していくことが可能となるのである。

また，参加という行為は，さまざまな情報を体験として直接的に収集することを可能にするという利点をもたらす。それによって，調査者は，ある事象とその事象が生起した社会的文脈の両方についての理解を深めることができ，その事象の社会的な意味を明らかにしていくことができることになる。その点が，回答者から間接的に情報を収集するインタビューとの大きな違いであるといってよい。

さらに，参加という行為は，情報を収集する方法の多様性を高めてくれることにもなる。具体的には，調査者はさまざまな地位や立場の人間と出会い，彼らの多様なパースペクティブから得られる情報を収集していくことができるのである。また，この方法では，ひとりの人間と深くかかわり合うことで，その人間を深く理解していくことも可能となる。このように，参与観察法の特徴は，日常的，直接的，多面的，包括的，深層的に情報を収集することを可能にする点にある。

2　参与観察の技術

　参与観察法は，その中心を参加観察においてはいるものの，インタビュー，文献資料の収集，機器を利用した録画や録音といったさまざまな技法の組み合わせから成り立っている。それゆえ，参与観察の技法に精通するためには，上記の技法についての理解が欠かせない。しかしながら，ここでは，参加観察の手法だけに焦点をしぼり，そこでのデータ収集の方法と記述のスタイル，そして留意点について述べておくことにする。

　a　参与観察データの収集

　調査者は，まず，現地に入り，積極的に調査に協力してくれる人物やその地域の人間関係や文化に精通している人物をさがし出すことから調査を始める。しかしながら，実際の調査では，事前にあるいは調査開始直後に，そうした人々に出会えることはほとんどない。そこで，現地で接触するあらゆる人々を「インフォーマント」（情報提供者）として位置づけ，その知り合いのネットワークをたどっていきながら，積極的な調査協力者やその土地のものしりと出会っていくのが一般的である。

　具体的には，インフォーマントが直接紹介してくれたインフォーマントを訪ねていったり，インフォーマントから得られた情報をもとに次に調査に応じてくれそうな人物や関心を引いた人物に接触したりするという形式をとる。このように，人間関係のネットワークを利用して調査対象者の数を増やしていく方法は，「雪だるま式標本法」とよばれ，参与観察法においては重要なデータ収集法として位置づけられている。

　b　参与観察データの記述

　参与観察データの特徴は，その日常性，直接性，多面性，包括性，深層性，という点にあった。当然，参与観察データの記述も，データのそうした特性がいかされるかたちで行われなければならない。日常性や直接性という点では，生起した事象の内容や経過をできるだけ正確にそして詳細に記述することが求められる。また，多面性や包括性という点では，その事象が生起した状況（社会的文脈）やその事象が社会生活に与えた影響などについてさまざまな観点から記述しておく必要がある。さらには，深層性を確保するためには，調査対象者の解釈や意味づけについての詳細な記述も必要となる。

　言いかえれば，参与観察法における記述スタイルとは，調査者が観察したあら

> 資料2-1　インフォーマントとの劇的な出会い
>
> 　そこでわたくしは長々と説明した。……ドックは無関心にわたくしの言うことを聞いていたので，かれがどういう受け止め方をしたのか皆目わからなかった。わたくしの話が一段落すると，ドックは質問した。「あんたが知りたいのは上流生活かい，それとも下級生活かい？」
> 　「できたらすべて知りたいのです。このコミュニティの全体図をできる限り知りたい」と答えた。
> 　「オッケー，何でも見せてやるよ。おれが連れていってやるさ。とばく場へも連れて行ってやるさ。街頭のたまり場へも連れて行ってやるよ。ただ1つ，あんたはおれの友達だということを忘れるなよ。やつらが知りたいのはこれだけ。おれはここの顔役さ。そしてあんたが俺の友達だと言えば，あんたに悪いことしないよ。見たいものがあれば言ってくれよ。全部見せてやるよ。」
> 　この申し出はまったく完璧であったので，何と返事をしたらいいものか，しばしぼうぜんとしていた。

ゆる事柄を多様な観点から詳細に記述し，それらをできるだけ忠実に再構成していく点に特徴があるわけである。こうした記述のスタイルは「濃い（分厚い）記述」とよばれ，それは，ある事象や行為をめぐる事実関係だけを記述した「薄い記述」と区別され，参与観察法では重視されている（資料2-1 [2]参照）。

c　参与観察の留意点

参与観察の際の留意点は，参加と観察という方法論的なパラドックスから生じるといってよい。調査者が参加した社会や集団において与えられた地位や役割に過剰に応じてしまうこと（オーバー・ラポール）は，調査者の理解を狭く一面的なものとしてしまい，観察者としての客観的な記述を妨げることになる。その反面，観察者として距離をとりすぎることは，内部に入り込み調査対象者の視点からデータを収集することを難しくしてしまうことにもなる。この点に，現地での調査者の立場とふるまい方の難しさが生じてくるわけである。

しかしながら，実際の調査場面では，調査者の立場や調査対象者との役割関係は，けっして固定的なものではない。佐藤郁哉が述べているように，調査者は，調査におけるさまざまな局面と段階に応じて，「完全なる参加者」「観察者としての参加者」「参加者としての観察者」「完全なる観察者」という4つの理念的な立

場の間を移行しながら，役割関係を柔軟に変えながら観察を行っていくのである[3]。その点については強調しておきたい。

3 参与観察の戦術
a 多元的包括的なリアリティの収集

参与観察法のねらいの１つは，調査対象にかかわるリアリティを多元的包括的に再構成していくことにある。そこで，ここでは，情報を多元的包括的に収集するための戦略として，羅生門的手法と三角測量的手法という２つの技法について述べておく。

まず，「羅生門的手法」とは，１つの社会的事実をめぐって構築されるリアリティは一様ではないという，「多元的リアリティ論」の視点を調査手法にいかしたものである。代表的な研究事例としては，ルイス（Lewis, O.）のものがある[4]。ルイスは，家族ひとりひとりの自伝を分析単位とし，それらを１日の家族の出来事として再構成することを通して，家族とその背景にある文化の特性を浮かび上がらせようとした。

１人のインフォーマントから得られる情報は，調査課題の特定の側面しか明らかにすることはできない。また，その情報の真偽を確認することもできない。同じ出来事や物事に対して複数の人々から感想や意味づけを聞くことは，分析の精度を高め，その内容の密度を高めてくれることになるのである。

一方，「三角測量的手法」（トライアンギュレーション）は，量対質という調査方法の対立的な枠組みに拘泥せず，さまざまな調査技法を組み合わせ，多元的に研究対象を理解していこうとする調査戦術である。参与観察にせよ，インタビュー調査にせよ，さらには質問紙調査にせよ，それらはあらゆる面で完全無欠な調査方法ではありえない。それぞれの技法が各々強みと弱みをもっている。そこで，個々の技法の弱点を補いつつ，それぞれの技法がもつ長所を有効にいかしていくことで，多様な観点から調査対象のリアリティへと迫っていこうとするのが，三角測量的手法である。

ただし，この手法が「単なる複数の調査を折衷的に併用することを意味しているわけではない」ということには注意しておかなければならない。調査課題や調査対象の特性，調査チームの構成などに合わせて，どのような技法をどのように組み合わせていくのかが考えられなければならない。

b 仮説検証の手続き

質問紙調査法では、単発的に調査票を配布し、情報を収集していくのが一般的である。それゆえ、それらは「ワンショット・ケース・スタディ」と揶揄されることもある。一方、参与観察法では、調査が長期間にわたることが多く、調査者は何度も調査対象者に接触することができる。それゆえ、仮説の構成と検証を何度も繰り返していくことができるという利点をもつことになる。

参与観察法における上記の仮説検証の手続きは、「分析的帰納法」とよばれている。具体的には、まず、研究対象とする現象についての最初の解釈を行う（仮説の構築）。次に、研究対象とした現象と同一の定義を与えることのできる事例を収集し、最初の解釈が妥当性をもつかどうかについて検討する（仮説の検証）。そして、この段階で、解釈の妥当性に否定的な事例が生じた場合には、先の解釈を再構成し直す（仮説の修正）。分析的帰納法では、収集したすべての事例に妥当性をもつ解釈が得られるまでこの作業が続けられ、解釈に適合しない事例が出てこなくなれば、一応、その解釈は普遍的な妥当性をもつものとして定式化されることになる（理論の構築）[5]。

参与観察法においては、最初の段階では、調査者の思いつきにすぎないものが、こうした作業を経ることにより、仮説へと精選され、一般理論へと展開されていくことになるのである。

4節　映像データ分析

1　映像データの特性

次に、メディアを利用して行われる質的調査の技法について紹介しておこう。メディアを通して得られるデータは、たとえば、VTRやカメラなど媒体となるメディアによって、映像データ／文字データ／音声データ／画像データなどに分けることができる。また、データの性質で区分すると、一方には、調査者自身が調査現場に直接足を運び、調査対象者の日常的な現実を記録したノンフィクショナルなデータを、他方には、他者によってすでに作成されたデータ、たとえばテレビ番組や映画、マンガに代表されるフィクショナルなデータが存在する。

質的調査研究では、各々の研究主題や理論的前提に応じて、研究者が上記のさまざまなデータを利用しているのが現状である。そこで、本節では、映像データ

および音声データ（なかでもノンフィクショナルなデータ）に焦点をあて，そのデータの特性，収集方法，利用方法などについて整理しておくことにする[6]。

まず，映像データ（音声データ）の特性からみていこう。映像データの第一の特性は，再現性の高さにある。ビデオカメラにせよカメラにせよ，現実をそのままのかたちで切りとり，ありのままのかたちで再現することができる。それゆえ，収集されたデータの日常性，信頼性の高さが利点となる。

第二は，データを反復して観察することができる点にある。繰り返し観察することにより，収集する情報の量を増やし，その精度を高めることもできる。データの記録性や保存性に優れている点が映像データの利点となる。

第三は，拡大や縮小，早回しや遅回し，静止といったデータの操作が可能になることである。そのことにより，映像データは，日常的な視野では気がつかない，新たな事象を発見することを可能にしてくれることになる。それは，データの加工性の高さと言いかえられる。

その一方で，映像データは，メディアのフレームによって切りとられる映像以外の情報を収集することはできないという大きな欠点をもつ。そのため，もちろん，その扱い方にもよるが，参与観察やインタビューから得られるデータに比べて，その多面性，包括性，深層性という点で劣ることになる。加えて，どのような場面を記録するのかという点で，調査者の解釈が入り込んでしまうことも避けられない。それゆえ，映像データの場合，データ収集の際の客観性が議論になりやすいという短所をもつ。

2　映像データ分析の技術

質的調査のなかでメディアが利用される機会は多い。しかしながら，多くの場合，そこでのメディアの利用が絶対的な条件になるわけではない。メディアの利用は，データの記録や保存のための補助的手段となりがちである。しかしながら，メディアを通して収集されるデータを題材そのもの，重要な分析対象として位置づける研究もある。映像人類学やエスノメソドロジーがそれである。それらの研究では，メディアを通してどのような（映像あるいは音声）データを収集するのかが重要な鍵をにぎることになる。そこで，ここでは，エスノメソドロジーを代表的な研究事例としてとりあげ，映像データ分析の特性，収集・活用方法について紹介していく。

a　エスノメソドロジーと映像データ

エスノメソドロジーの特徴は，日常生活における相互行為の秩序を生成し維持していく人々の方法，言いかえれば，行為者がお互いの行為を解釈し意味づけ合う過程を明らかにしていこうとする点にある。

そこで，エスノメソドロジーでは，相互行為における人々の解釈・意味付与過程を分析するために，調査対象者の言語的・非言語的なコミュニケーションのやりとりを記録していくことが調査のねらいとなる。そして，その際に，日常生活で生じる一連の相互行為を「ありのままのかたち」で分析するためにビデオカメラが，あるいはまた，会話分析のように非言語的データの分析にそれほど比重をおかない研究では，調査対象者の一連の会話のやりとりを記録するためにテープレコーダーが利用されることになる。言いかえれば，エスノメソドロジーでは，ビデオカメラやテープレコーダーといったメディアの利用が，日常的な相互行為を厳密に再現するために欠かせない条件となっているのである。

b　エスノメソドロジーにおける映像データの収集

エスノメソドロジーでは，授業場面やテスト場面，進学相談場面[7]，テレビ視聴場面[8]といった特定の社会的文脈を研究主題としてとりあげ，そこでどのような形式の相互行為が生成され維持されていくのかをみていくことが多い。それゆえ，ビデオカメラは，その特定の社会的文脈の全体を録画できるように据えつけられることになる。さらに，広い空間では，音声データの収集が難しくなることもあり，複数のビデオカメラが設置されることもある。

カメラの設置については，撮影による調査対象者への影響を考慮しておく必要がある。たとえば，カメラの台数を増やすことは，調査対象者に常にカメラを意識させることになり，日常的なありのままの相互行為を記録することを難しくする。そうした制約をクリアするために，エスノメソドロジーでは，観察法が併用されることが多い。相互行為場面については映像データを収集し，それ以外の情報については観察法によって補っていくのである。

また，分析の段階で，データの日常性を確保するための配慮を行うこともできる。たとえば，山村賢明らは，家庭にビデオカメラを持ち込み，家族のテレビ視聴場面を3日間にわたって録画した調査のなかで，調査対象者がカメラの存在を強く意識する観察1日目のデータを使用することをあえて避けるという手法をとっている[9]。この点は非常に参考になる。

> **資料2-2　エスノメソドロジーにおける記述様式の事例**
>
> R：偏差値ってどういうものだと思います／自分で，
> S：やっぱりどこの高校行ってもーなに，使われるっていうかー《3》＝
> 　　　〔　　　　　〔　　　　　　　　　　　　　　　　〔
> R：　　　　　　うん，　　うん，　　　　　　　　　　　　うん，
> S：＝どこの高校に行くにしてもー《3》なんていうのかな，
> R：うん，いや，まあ別にその，難しいことじゃなくて，偏差値っていう
> 　　言葉ね，うん，自分はどういうふうに受けとめているかってことなん
> 　　だけど，うん，
> S：《5》どこの高校に行っても使われるのかな，わかんない，
> 　　　　　　　　　　　　　　　　　　〔
> R：　　　　　　　　　　　　　　　ふーん，うんうん，あのー，
>
> 注）『R』は「調査者」，『S』は「生徒（調査対象者）」，『／』は「うしろ上が
> 　りの調子」，『《数字》』は「発話内，発話間のインターバルとその秒数」，『＝』
> 　は連続する発話」，『〔』は「発話のオーバーラップ」を示す。

　映像データの収集は，参与観察法やインタビューとは異なり，利用されるメディアの性能や限界に大きく依存することになる。それゆえ，調査者は使用するメディアの性能と限界について熟知しておくことを忘れてはならない。機材の性能をいかすという点では，タイマーや合成画面の利用などが考えられる。その一方で，機器の故障や電池切れ，配線の誤りによってデータの収集が不可能になることも十分に起こりうる。機材の点検，電源やテープの確認，テープの入れ忘れや録画（録音）状態には十分な注意が必要である。

　c　エスノメソドロジーにおける映像データの記述

　調査者は，調査の客観性や分析の妥当性を示すために，収集した映像データを文字データとして読者に呈示することが求められる。また，収集したデータを整理していくためにも，映像データの「文字化作業」が必要となる。

　しかしながら，ビデオテープに録画されたすべての情報を文字化することは不可能であり，収集された情報は，研究者の研究関心に応じて取捨選択されることになる。つまり，データ収集の段階と同様に，この段階でも，調査者の主観や恣意が入り込んでしまうことが考えられるわけである。そこで，そうした事態を避けるために，エスノメソドロジーでは，一般的に，データの扱いや分析の妥当性

に対する厳密な理論づけが行われることになる。

　そうした理論づけのなかでも、とりわけ、エスノメソドロジーに特徴的なデータの記述の仕方は、調査対象者の「言葉のやりとり」や「会話と会話の間」といった言語的要素と、「うなずき」や「笑い」といった会話を成立させている非言語的要素について、その「すべてを忠実に」文字化していく点である（資料2-2[10]参照）。したがって、それらについての正確な記述は欠かせず、たとえば、解読不明な箇所であれば、そのまま「解読不明」として示されなければならないのである。

　その一方で、それらの文字化手続きについて普遍的なルールが確立されているわけではない。個々の研究者が自らのやり方で文字化・記号化しているというのが現状である。そのなかでも、サックス（Sacks, H.）の文字化手続きを修正し、会話データ記号表として紹介している清矢良崇の著作は参考となろう[11]。

3　映像データ分析の戦術
a　ブリーチ

　日常的な相互行為における秩序を支える「背後仮説」を浮かび上がらせるために、意図的に調査対象者の日常的な相互行為を人為的に攪乱させ、それを記録していく手法を「ブリーチ」という。

　その事例として、ここでは前述した山村らの研究や宮崎あゆみの研究をあげておくことにしよう。前者は、ブリーチとして調査最終日にテレビを見ないように調査対象者に依頼し、テレビがついていない場面における家族の相互行為の変容を明らかにしようとしている[12]。一方、後者は、参与観察法を中心的技法としながら、ブリーチとして水泳指導場面における性別カテゴリーの使用を禁じ、その状況における指導内容と教師の意味づけの変容を明らかにしようとしたものである[13]。

　いずれの事例も日常的な相互行為の停止を「依頼する」という形式をとっている。それゆえ、ブリーチの状況が調査対象者に意識化されることになり、厳密な意味でのブリーチの利用とはいえない。しかしながら、それらは、研究成果の瑕疵とはならない。なぜなら、調査対象者に許可なく攪乱状況を導入する、厳密なブリーチというのは、とりわけ教育研究などの領域では、倫理上の問題を生み出すことにもなるからである。その意味では、調査者は、ブリーチの利用に際して、

その実験的な性格を常に自覚しておかなければならないのである。

　　b　フィクショナルな映像データの活用

　ここまで,ビデオカメラにより日常的な相互行為場面を記録するというノンフィクショナルなデータにかかわる技法について紹介してきた。しかしながら,観察されることに対する調査対象者の意識や感情,また,プライバシーの問題などを考えると,日常的な相互行為場面を記録していくのは容易なことではない。さらに,とりわけエスノメソドロジーでその傾向が強いが,研究態度が実際的な問題の解決よりも一般的理論の確立を志向しているため,調査対象者からの調査協力を得ることが難しいという事情もある[14]。

　そのため,日常的な相互行為場面を記録するかわりに,テレビドラマや映画といったフィクショナルな映像データを利用していく場合もある。たとえば,そうした事例では,テレビドラマにおける教師の暴力場面を素材にして,テクスト分析の手法からヴァルネラビリティ概念を考察している瀬戸知也の事例が参考になる[15]。調査者が体罰行為やいじめといった逸脱的な行為を記録する機会に恵まれることはめったにない。また,それを観察し,記録しえたとしても,それを呈示する際にさまざまな制約がかかることが多い。データ収集上のそうした制約から,瀬戸は,テレビドラマの教室場面をとりあげているのである。

　ただし,フィクショナルな映像データの利用は,データ収集上の制約といった消極的な理由からだけ行われるわけではない。データがその研究の理論的関心にとってどのような意味をもつのか,といった積極的な理由からもその利用が検討されなければならない。そして,それが中核となるべきである。たとえば,日本人の母親の観念を考察する研究のなかで,テレビドラマ『おかあさん』をとりあげ,そのデータのもつ研究上の意味を検討している山村の研究は参考になる[16]。

5節　ドキュメント分析

1　データとしてのドキュメント

　ドキュメント分析の目的は,インタビューや参与観察法と同様に,調査対象者の観点からその解釈過程を明らかにすることを目的とするものである。しかしながら,そこで収集されるデータの特質は,当然のことながら,インタビューや参与観察法で得られるデータとは異なることになる。

データとしてのドキュメントの特性は、第一にその間接性にある。インタビューにせよ、参与観察にせよ、そこで収集され利用される情報は、調査者自身の体験から、あるいは調査対象者との直接的なコミュニケーションから得られた一次的な情報である。それに対して、ドキュメント分析で収集され利用される情報は、記録されたもの、表現されたものといった二次的な性格をもつ。

　第二の特性は、データとしての意味付与性の高さにある。ドキュメント分析では、ドキュメントは、その作成者の動機や意図を指し示す証拠として取り扱われる。つまり、そこでは、ドキュメントの背後には人々の解釈過程が存在すると想定され、人々の解釈過程が具体化されたものがドキュメントであるとみなされるのである。

　調査者―ドキュメント―調査対象者（の解釈過程）のこうした関係から、ドキュメントデータは、データとしてはじめから確定されているというよりも、調査過程のなかで定義づけられ利用されていくことにより、ドキュメントとしての性格が与えられていくものであるといえるわけである。言いかえれば、どのような資料であれ、どのような事物であれ、そこに作成者や所有者の動機や意図が指し示されていると調査者がみなすことにより、あらゆるものがドキュメントとしての性格をおびることになる。それゆえ、データとしての客観性や信用性が議論の的になることも多い。

　ドキュメントは、さまざまな基準によって分類することが可能である。作成主体を基準にすれば、日記や自伝のように調査対象者が自分自身について自発的に一人称で記した「パーソナル・ドキュメント」と新聞記事や裁判記録といった第三者的立場から記された「公的なドキュメント」とに分けることができる。また、表現媒体の違いから、「文字化されたドキュメント」と「映像化されたドキュメント」に区分することも可能である。さらには、データの性質から、「フィクショナルなドキュメント」と「ノンフィクショナルなドキュメント」との分類も可能となる。そして、耐久消費財や宗教的備品といった調査対象者の所有物をドキュメントとして扱う場合もある。

　ここでは、こうした多様なドキュメントのなかから、文字化されたドキュメントに焦点をしぼり、ドキュメント分析の代表的事例ともいえる生活史研究と構築主義研究におけるドキュメントの特性と具体的な利用法について述べていくことにする。

2 ドキュメントの活用Ⅰ——生活史研究

a 生活史研究とライフドキュメント

生活史研究の主なねらいは，社会的な文脈に位置づけられた個人の歴史（生活史）の分析を通して，個人の主観的な側面とそれに影響を与える社会構造の変動過程とを連関的に明らかにしていこうとするものである。

そこでは，インタビューによって調査対象者の生活や経歴をありのまま記述しそれを体系的に提示していく「オーラルヒストリー（口述の生活史）」と個々人の生活や歴史が記録された「ライフドキュメント（生活記録）」を収集し分析していく2つの方法がとられる。「オーラルヒストリー」研究については，2節「インタビュー調査」の内容と重複するため，ここでは，「ライフドキュメント」の利用に注目してみる。

まず，ライフドキュメントのデータとしての特徴は，「個人的記録」と「社会的記録」の双方の性格を備えている点にある。たとえば，代表的なライフドキュメントとして，自伝，伝記，自分史，日記，手紙，手帳，遺書，写真などをあげることができる。それらは，一方で，著者や話者の人間性や個性が表現されている「個人的記録」であり，調査対象者の内面を深く理解することを可能にしてくれる資料である。と同時に，それらは，社会生活への参加者としての記録，つまり「社会的記録」でもある。そこには，社会生活に対する調査対象者の解釈や意味づけ，社会生活と調査対象者との関係が記述されている。生活史研究では，ライフドキュメントのこうした性質を利用し，調査対象者の内面と社会構造の変化がおりなす物語を再構成していくのである。

b ライフドキュメントの種類と活用例

代表的なライフドキュメントの種類と活用法を簡単に整理すれば，次のようになる。「自伝」は，個人が自分自身の人生について書いた記録である。それに対して，「伝記」は，著者が客観的な資料とインタビューにもとづき，ある個人の人生を再構成したものである。また，普通の人々が自分自身の経験や生活を書き記したものは「自分史」とよばれる。

それらは，その体系性と深層性という点で優れたライフドキュメントである。そこには，個人の人生におけるさまざまな出来事が系統立てて記述され，それらに対する個人の解釈や意味づけが体系的に記述されている。それゆえ，生活史研究では，個人のパーソナリティの特徴やその形成過程を理解するために利用され

ることが多い。その反面，それらは，現在から過去の経験や生活を整理したものであり，その整理の仕方によっては，物語の構成において著者や話者の恣意性が入り込みやすいというデメリットをもつ。

記録の現在性の高さという点では，「日記」や「手紙」の資料的な価値は大きい。そこには，生活において生じた出来事の内容と経緯がそのときどきに記録され，それらに対する公私にわたる日常的な感情や考えが示されている。それゆえ，これらは，社会状況や歴史的変化に対する調査対象者の解釈過程を理解するために利用されることが多い。その一方で，これらの資料は，プライベートで断片的な資料でもある。それゆえ，まず，入手するのが難しいという欠点をもち，次に，苦労して入手しても分析にとって価値のある情報を得ることができないということもありうるのである。

また，社会的構造や変動といったマクロな状況についての理解を深めるためには，「新聞記事」や「社会機関の記録」などが役に立つ。たとえば，生活史研究の範例であるトーマスとズナニエツキ（Thomas, W. & Znaniecki, F.）の『ポーランド農民』では，新聞記事や移民局の書類，法律協会や裁判所の記録といったさまざまなライフドキュメントが駆使され，そこでのテーマであるポーランド農民のアメリカ社会への適応とそこから生み出された個人的解体の様子が例証されている[17]。

3　ドキュメントの活用Ⅱ——構築主義研究

a　構築主義研究

構築主義は，スペクターとキツセ（Spector, M. & Kitsuse, J.）による代表的著作『社会問題の構築：ラベリング論をこえて』において体系的に提起された理論である。とくに，その理論的な特徴は，ある社会的カテゴリーの「客観的な状態」の性質や変化にではなく，それらが生成され変化していく「過程」に関心を向けていく点にある[18]。

それが逸脱研究（ラベリング理論）から展開した経緯もあり，構築主義では社会問題や逸脱にかかわる社会的カテゴリー（喫煙，少子化，青少年有害コミック，不登校など）を研究主題としてとりあげることが多い。そして，そこでは，社会問題は，ある「客観的な状態」として存在しているのではなく，何らかの「想定された状態」についての苦情を述べ，異議を申し立てる個人やグループの活動

（異議申し立て活動）によってつくり出されていく（構築されていく）と考えられることになるのである。

それゆえ，構築主義理論の中心課題は，社会問題が構築されていく過程，具体的には，異議申し立て活動とそれに反応する活動がどのように発生し，どのような性格をもち，そして，それらがどのように維持され，展開していくのかについて説明していくことにあるといってよい。

そのために利用されるデータ収集の方法は，主に，構築過程に参加した人々へのインタビューとそこで利用された言説が記されたドキュメントデータの収集である。構築主義研究とインタビューとの関係については，3章の叙述にまかせることとし，ここでは，構築主義におけるドキュメントデータの特性と活用にしぼって論じておくことにする。

　b　構築主義研究におけるドキュメントの特性

構築主義においてドキュメントとして利用されるデータの特性は，まず，第一に，構築過程における参加者の観点から記述されているという点にある。構築主義では，調査者の解釈枠組みを持ち込まず，社会問題を参加者の観点から再構成していくことを重視する。その点で，質的調査における他の技法によって収集されるデータとの類似点をもつといってよい。

その一方で，構築主義においてドキュメントとして利用されるデータは，社会問題の構築過程に参加する人々の異議申し立て活動を指し示した記録という点での限定性をもつことになる。裏返していえば，社会問題の構築過程にどのような人々がいかなる認識をもって参加したのか／彼らが誰に対してどのような資源を利用し，どのような方法で異議申し立て活動を行ったのか／そして，当初の異議申し立て活動に対して，誰がどのように対応したのか／そこでは「問題」が「解決」されたのか，されないのか／「問題」が「解決されない」場合，誰のどのような反応が生じたのか等々，それらの点が明らかにされるようなドキュメントが収集されなければならないのである。

そうしたこともあって，構築主義では，新聞記事，行政機関の内部資料や答申，記者会見での発表，意見広告，投書，そして調査報告書や研究論文などが代表的なドキュメントとして利用されることになるのである。

構築主義においてドキュメントとして利用されるデータの第三の特性は，その社会的歴史的性格にあるといってよい。質的調査においては，その理論的性格か

ら，特定の個人や個人間の相互行為における解釈過程といったミクロな状況に目を向け，そこでのデータを収集していくのが一般的である。それに対して，構築主義において収集されるドキュメントは，社会問題の構築過程に参加する参加者の社会的な意味づけや解釈が示されたものと考えることができる。そのため，調査対象者が生活する社会的歴史的状況（マクロな状況）の特性や変化を，ドキュメントとしてあらわされた言説や議論を通して整理することが可能となる。

ちなみに，このような視点は，構築主義理論そのものを離れて，たとえば，近代教育，学校文化，高等学校といった教育事象をめぐるカテゴリーについての過去の言説や論点を整理し，それらのカテゴリーの相対的な意味を明らかにしていこうとする社会史的研究のなかでも活用されている[19]。

最後に，構築主義におけるデータの活用方法について述べてみよう。それらは構築主義のなかの理論的な立場の違いによって異なるといってよい。たとえば，前述のスペクターとキツセの研究では，社会問題の構築過程には，その生成から収束までの一連の過程において自然史的発展があると仮定する。そして，帰納的分析法を利用しながらそれらを社会問題の段階モデルとして再構成していこうとするのである。

一方，それに対する批判的立場をとる，イバラとキツセ（Ibarra, P. & Kitsuse, J.）の研究では，社会問題の構築過程を日常的な言語を利用した言語ゲームとしてとうえ，そこで相手を説得するための言語的資源として利用されるレトリックの性質を明らかにしていこうとする。

そうした理論的な立場の違いはあれ，構築主義では，調査者は，異議申し立て活動に関するドキュメントを，研究主題に関連づけながら集約的に，そして時系列的に収集していくことが重要な調査課題となっているとまとめることができよう。

注
1) シコレル, A.・キツセ, J. 山村賢明・瀬戸知也訳『だれが進学を決定するか』金子書房，1963/1985.
2) ホワイト, W. 寺谷弘壬訳『ストリート・コーナー・ソサイエティ――アメリカ社会の小集団研究』垣内出版，1943/1974, p.21.
3) 佐藤郁哉『フィールドワーク――書を持って街へ出よう』新曜社，1992.
4) ルイス, O. 高山智博訳『貧困の文化――メキシコの〈五つの家族〉』思索社，1959/1985.

5） 宝月　誠ほか編『社会調査』有斐閣，1989．
6） 紙幅の都合上，ここでは紹介できなかったが，画像データを利用した研究成果にも，広告写真をデータとして利用し，そこにおける性差の解読分析を行っているゴフマン (Goffman, E.) の *Gender advertisements* (Harper & Row, 1979)，調査対象者の子どもにカメラ撮影を依頼し，そこに写された写真から彼らの内面世界を解読している（写真投影法）野田正彰の『漂白される子供たち』（情報センター出版局，1988）など先駆的でユニークな成果が多くみられる。
7） 山村賢明ほか『受験体制をめぐる意識と行動——現代の学校文化に関する実証的研究』伊藤忠記念財団，1983．
8） 山村賢明ほか『子どものテレビ視聴の様態に関する調査研究』東京都生活文化局，1986．
9） 山村賢明ほか，前掲書，1986．
10） 清矢良崇『人間形成のエスノメソドロジー——社会化過程の理論と実証』東洋館出版社，1994，p.225．
11） 同書．
12） 山村賢明ほか，前掲書，1986．
13） 宮崎あゆみ「学校における『性役割の社会化』再考」『教育社会学研究』第48集，東洋館出版社，1991．
14） 林　芳樹「エスノメソドロジーと教育調査」松原治郎編『教育調査法』有斐閣，1985．
15） 瀬戸知也「教室の生活とヴァルネラビリティ」木原孝博ほか編著『学校文化の社会学』福村出版，1993．
16） 山村賢明『日本人と母——文化としての母の観念についての研究』東洋館出版社，1971
17） トーマス，W.・ズナニエツキ，F.　桜井　厚訳『生活史の社会学——ヨーロッパとアメリカにおけるポーランド農民』御茶の水書房，1927/1983．
18） スペクター，M.・キツセ，J., 村上直之・中河伸俊・鮎川　潤・森　俊太訳『社会問題の構築：ラベリング理論をこえて』マルジュ社，1977/1990．
19） このような観点を含めて，「教育問題」研究の射程や有効性などについての整理は，伊藤茂樹「『教育問題』研究のマトリクスと今日的意味」『聖徳学園岐阜教育大学紀要』第32集，1996で詳しくなされている。

（片桐隆嗣）

3章　インタビュー調査とリアリティ構成
——日本人留学生の社会構築

1節　はじめに

　3章には，2つの目的がある。1つは，筆者が行った調査を事例に，インタビュー調査の方法についてそのノウハウを具体的に論じることである。2つは，インタビュー調査が，構築主義という社会学の研究枠組みのなかで，どういう役割を果たすかを明らかにすることである。まず2節では，インタビュー調査と構築主義について簡単に説明する。3節では，インタビュー調査を主に使用した日本人留学生に関する研究について，その準備からデータの分析にとりかかる段階まで，つまりフィールドワーク調査の段階を，具体的にふり返る。4節では，記録方法やデータ分析のコツなど，インタビュー調査を行うにあたっての留意点についてふれる。言いかえれば，この章は，筆者が調査中，常に携帯し，よりどころにしていたフィールドノートのインタビュー調査の部分をもとにして書かれたものである。理論と方法論の論議そのものは，あまり掘り下げてはいないし，インタビューで得たデータの分析，解釈の段階，つまりフィールドワークから後の部分も，あまり詳しく論じてはいない。しかし，問題意識からはじまって，理論的な枠組みの選択，研究対象の設定，調査の設計，準備，フィールドへのアクセスなどについては，かなりあからさまに，実際の調査のあらましを記したつもりである。質的社会調査の入門者でとくにインタビューを主に使いたい人，また構築主義の応用に興味をもつ人の参考になれば幸いである。

2節　インタビュー調査

1　インタビュー調査とは

　インタビュー調査（面接質問法）は，社会調査法の一種類で，非参与観察法，参与観察法とともに，質的調査法の代表的方法である。調査者が，直接に調査対

象者に会って質問をして回答を得るので，回答率は郵送方式によるアンケートより一般的に高いが，調査者と回答者の相互作用がデータにさまざまな影響を与える可能性があり，データの信頼度に注意を払う必要がある。

インタビュー調査には，質問の準備の程度と回答の処理方法によりさまざまな形態があり，その内容はかなり異なる。事前に作成された調査票をもとに，調査者が質問をマニュアルに従って読み上げ，回答は一定のカテゴリーによりその場で区分けされて記録されるような形態は「指示的面接法（structured interview）」という。それらには量的データの採取を主な目的にしたものもある。国勢調査は，指示的面接法の一種類といえる。この方法は，データ分析が比較的容易で，調査対象の数が大きい場合に適する。また調査者が異なることによる信頼度への悪影響も少ない。しかし相手の考え方などをできるだけ自由に詳しく聞きたい場合や，深層インタビューには向かない。

調査者が問題意識と主要な質問項目はもっているが，事前に詳細まで準備された質問をほとんどもたず，相手や状況に応じて質問内容や形態を変えるインタビューは「非指示的面接法（unstructured interview）」という。調査対象についての探査的な初期調査が必要な場合，調査対象について何らかの仮定を形成したい場合，そして詳細な記述が目的の場合などは，非指示的面接法を使用する[1]。

このように，インタビュー調査といっても，その実施形態はさまざまであり，各々の形態に方法論上の長所と短所がある。したがって，目的や調査の実施態勢により最も適した形態を選ぶ必要がある。

2 インタビュー調査と構築主義研究

a 構築主義

構築主義とは，1970年代後半から，逸脱と社会問題の研究において，構造機能主義の否定と，ラベリング理論やシンボリックインターアクショニズムの建設的批判を基盤として，登場してきた社会学の理論的枠組みである。1977年のスペクターとキツセ（Spector, M. & Kitsuse, J.）による『社会問題の構築：ラベリング理論をこえて』が，その原典的な役割を果たした[2]。構築主義によると社会問題や逸脱などの社会的カテゴリーやそのほか社会的な事象は，さまざまな社会のレベルで，社会の構成員の言動，つまり彼らの活動によりつくりあげられる（構築される）ものと考える。したがって，構築主義の研究目的は，構築にかかわっ

た人々にインタビューしたり，構築で使われた言説の内容を分析して，その構築の過程を記述し，構築のしくみを明らかにすることである。

　つまり，構築主義理論の枠組みにもとづいた調査の分析単位 (unit of analysis) は，通常の社会学調査の分析単位とは非常に異なる。通常の分析単位が，個人，集団，社会などであるのに対して，構築主義における分析単位は，逸脱や社会問題などの社会的なカテゴリーが形成され変化していく過程そのものである。つまり，構築活動の過程（process）が，分析の対象である。

　伝統的な社会学理論に則った社会調査では，客観的な行動パターンや社会状態が存在すると想定され，それらは科学的に分析可能とされ，さまざまな方法により測定され因果関係が分析される。しかし，構築主義の調査では，苦情申し立て活動などの社会構築活動には社会史のような過程があると想定され，それらは言説として調査，記述可能とされる。現実の社会構築活動はさまざまな軌跡，つまりデータを生み出しながら進んでいくので，研究者の目的はその軌跡をとどめるさまざまなデータを集めることにより，構築活動を再現（再構築）することとなる。

　b　インタビューと構築主義

　通常，構築主義者は，研究対象である構築活動を記述するために，さまざまなデータを収集しそのためにいくつかの調査方法を駆使するが，主な調査方法はインタビュー法と内容分析である。たとえば，構築活動の参加者へのインタビュー，参加者が作成した文書，構築活動に関する政府や民間組織へのインタビュー，それらの組織によりつくられた文献の内容分析，メディアへのインタビュー，メディア報道の内容分析などである。

　なぜ，インタビューと内容分析が主かというと，前述のように構築主義研究が収集するデータは，構築活動に参加する人々が相互行為の過程においてつむぎだす言説であるからである。つまり参加者の言説が，時系列的におりかさなり，つくりだす流れが，記述と分析の対象であり，それらをとらえるには参加者へのインタビューと彼らの残した文書が中心的なデータの源泉となるのである。

　もちろん構築主義研究において，データをメディアの言説にしぼって分析することも可能であり，メディアの影響力を考えるとその意義は大きい。しかし，筆者はできるだけ構築のデータをメディアに限定せず，研究者自ら足を使い構築活動にかかわるさまざまな人々に直接インタビューをして，ミクロな状況も含めた

構築のデータを集めることが有益であると感じている。ミクロな状況とは、少数の個人間の相互作用における言説や言動であり、そこには、どのように問題状況のカテゴリーが生まれたり、再生産されたり、無視されたりするかのデータが含まれる。

c インタビューデータとしてのレトリック

イバラとキツセ (Ibarra, P. & Kitsuse, J.) は1993年の著作により、前述のスペクターとキツセの社会構築主義の理論を発展させた[3]。主要な論議は、社会的構築とは、日常言語的な資源 (vernacular resources) が動員された道徳的言説 (moral discourse) であり、その資源にはレトリックが使われ、レトリックは個々の社会問題や逸脱の事例にかかわらず、横断的に、レトリック固有の性質によりいくつかの類型に分けられる。イバラとキツセによると社会構築の分析対象は、レトリックなどの、日常言語的な資源がどのように使用されているか（レトリックの戦術）であり、社会構築の言及の対象そのものではない。つまり、社会問題活動を言説活動ととらえると、社会問題クレイムは日常的な言語を使ったゲームのようなものであり、そのかけひきは、レトリックなどの視点から分析できると主張する。

インタビュー調査法とのかかわりでいうと、構築主義理論は、その形成の当初から現在のレトリックに焦点をあてた形態にいたるまで、その方法論上の展開として、インタビューによるデータ収集を重視しているといえる。調査対象が、苦情申し立てであろうと、そのレトリックであろうと、そのデータは、印刷物、音響、映像メディア、コンピュータを通じたメディア、そして情報の発信者である人々の言動に求められなければならない。構築活動を動かしているのは、情報や媒体そのものではなく、人々である。したがって、人々から直接データをとるのは、重要であると考えるわけである。

3節 日本人留学生の社会構築——調査の実際

1 研究の概要

ここでは、筆者が行った日本人留学生についての研究を事例として論じる[4]。この研究では、外国大学を卒業した日本人（以下、日本人留学生）が、日本の社会、とくに企業社会でどのように定義され、評価され、語られたか（逸脱者とみ

られたり，問題視されたりなど）を中心に分析した。調査では，構築に参加した人々とのインタビューと，関連文書や統計など構築に使用された資料の内容分析の２つの方法を主に採用した。

　1980年代前半までは，日本人留学生は日本社会の主流からの逸脱者として語られることが多かった。つまり日本人留学生の態度と行動は，日本の和を尊び協調性にすぐれた組織文化になじまず，それに悪影響を与えると思われたのである。彼らを更生や再適応なしに受け入れることは，大げさにいえば純粋な日本の文化の喪失につながる，というのである。また，日本人留学生は日本社会における通過儀礼としての大学入試を経ていないので，正規な大学卒業者としての権利がなく，企業組織で国内大学の卒業生と同資格としてみなせないという評価もあった。そのような評価がなされた環境としては，企業の採用人事の現場が主で，その他は留学カウンセラーのカウンセリング，留学関係の雑誌の記事などである。

　その後，再適応しないで社会汚染をまねくような日本人留学生はかぎられた特殊なケースであり，普遍化できないというクレイムが発生してきた。つまり大多数の日本人留学生は日本社会によく再適応していて，しっかりとした日本人としての基礎の上に国際人としての能力とセンスを兼ね備えているという言説である。このようなクレイムは，留学生と日本の企業を結ぶ，就職情報誌やマスコミに登場する。また，留学生と帰国子女がまとめて「国際人」として語られることが増えた。帰国子女を全面に出したクレイムに関しては，学会や大学の研究者の発言・著作物，文部省の外郭団体などが申し立ての環境として目立ってきた。

　さらにその後，国際化に逆らう日本社会そのものが問題だという言説が登場する。つまり，外国人留学生・労働者，そして海外で学んだ日本人留学生や帰国子女を差別するような日本社会こそ閉鎖的であり，談合などの不合理な慣習に満ちている事実こそ問題視されるべきであるというクレイムである。帰国子女や留学生こそ日本の国際化の担い手であり，自分のライフスタイルを保ち生活する権利があるとさえも主張された。

　このようなクレイムは主にマスコミとアカデミックな場でなされることが多かった。就職情報誌は，このように企業社会を直接的に批判するトーンの言説は掲載しなかった。

　なお，このような日本社会そのものに批判的な意見は，留学生の間で語られていた。しかし，このレトリックは，留学生自身によってあまり活字や映像として

公になることは少なかった。

以上，留学生に関する研究の概要を記したが，以下に具体的な調査の流れを示す。

2　研究の動機

日本人留学生について研究対象として興味をもったのは，筆者が米国のコロラドカレッジというリベラルアーツカレッジに在籍していたときである。1981年の冬から1982年の春にかけて，その大学の社会学専攻生として，学士論文を書かなくてはならず，その研究の題材に日本人留学生について調べてみようと思ったのである[5]。日本における日本人留学生の立場やイメージが，自分の考えとはかけ離れて一般化されていたので，その理由や現状について詳しく知りたかったのである。この論文では，1970年から1980年にかけての，日本人の海外留学の増加の背景とその増加が日本社会に与える影響について，構造機能主義やギデンズ (Giddens, A.) の構造化理論 (theory of structuration) を援用して分析した。調査データには，さまざまな統計や新聞，雑誌などの記事，そしてインタビューを使った。

日本社会への影響に関しては，日本人の留学体験者の増加は，日本社会にとくに大きな影響は与えないであろうという結論をだした。多くの留学生は，短期的な語学研修でアメリカに滞在していて，日本社会において社会変化の主体となるような可能性は低かった。また，学位取得を目的に長期間滞在している者の多くは，日本の有名大学を卒業して政府や企業，大学などにより援助を受けて派遣されており，すでに日本の社会システムに組み込まれその再生産をになっていた。その他，少数ではあるが，日本の社会システムに組み込まれていない留学生もいたのだが，彼らは希望しても日本の大学を出ていないことや協調性に欠けるなどの理由で，日本のいわゆる主流の組織ではあまり採用されなかった。

1984年に，筆者は日本のマスコミによる日本人留学生の扱いと，教育の国際化についてのフィールド調査を行い，構築主義の枠組みで分析し，論文にまとめた[6]。当時は，カリフォルニア大学サンタクルズ校社会学部の大学院で，キツセをはじめとする構築主義の社会学者やエスノメソドロジストの影響を強く受けており，方法としてのフィールド調査と理論枠としての構築主義が，身についてしまっていたと思う。また，分析の結果に関しては，この時点でも，日本人留学生は日本

の企業社会を中心とした組織文化からは排除されていた。

　ところが，1986年の春にある就職情報会社から，数十の日本の企業による日本人留学生の採用募集広告が掲載された情報誌が発行され，筆者の手元にも1部が送られてきた。そこには，日本は国際化されつつあり，多くの日本企業は，国際化された日本人を求めているとアピールされていた。その結果，日本企業は日本人留学生を求めていると書かれていた。そして，このような情報誌は，たて続けに数誌も発刊されたのである。

　筆者には，数年の間に起きた多分にスローガン的ともいえる「国際化」により，日本の企業文化が変化し，採用方針が変わったとはなかなか思えなかった。しかし，採用する企業があらわれ始めたことは確かであった。このような変化を確認した後，筆者はフィールド調査により情報を集めて，この変化の過程を調べ，博士論文としてまとめることを決心した。

3　理論的枠組みの選択

　この調査を始めるにあたって，以下のような疑問が頭に浮かんだ。
(1)　なぜ，どのようにして日本の企業は，日本人留学生を採用し始めたのか。
(2)　いつ，どのくらいの速さでこの変化は起きたのか。
(3)　どのような企業が，どのような留学生を採用して，または採用の希望をしているのか。
(4)　どのような留学生が，何人くらい採用されているのか。
(5)　どのような方法で採用が行われているのか。
(6)　企業は，すでに採用した留学生をどのように評価しているのか。
(7)　採用に踏み出した企業以外は，この変化をどうみているのか。
(8)　すでに採用された留学生は，仕事を通じて日本企業をどのようにみているのか。
(9)　日本人留学生は，一般的にまだ協調性が足りないとか，日本の学歴に欠けるなどと思われているのか。
(10)　就職情報業者は，どのようにこの変化にかかわっているのか。
(11)　どれくらいの数の，どのような情報業者がかかわっているのか。
(12)　どのようなレトリックで，情報業者は留学生を売り込んでいるのか。
　このような研究の初期段階では，理論も方法論も，どのようなものがよいか見

当がつかなかった。まずこのような疑問について，どのように実証的に調査できるかを考え，何人かの教員や大学院生とその可能性について相談した。と同時に，研究奨学金を得るために，とりあえず仮の実証研究プロジェクトを創案しいくつかの団体に応募もしたりした（残念ながら奨学金を得ることはできなかった）。

このようにさまざまな調査の可能性を検討すると同時に，関連する文献を読み始めた。日本人留学生に関しては，日本文化との関連についての研究が多いことと，どちらかといえばジャーナリスティックな文献が多いことに気がついた。留学生とは異なるが，帰国子女についてはその当時盛んに研究されていて多くの文献が存在していた。文献調査の結果として，日本の産業構造や雇用市場の変化と国際化，日本の組織文化と日本人留学生の意識の間の葛藤などがキーとなる視点であると考えた。

理論的枠組みとしては，構築主義的枠組みを選ぶか，ギデンズの構造化の視点を選ぶか迷ったが，前者に決めた。なぜなら，日本社会における日本人留学生の構築の過程と，それに対する日本人留学生の反応をできるだけ多くの人にインタビューをして調べたかったからである。このアプローチは誰も採用しておらず，筆者の留学生としての体験と能力を最もいかすことができると判断したからである。また，指導教授であったキツセの帰国子女についてのフィールド調査にかかわった体験や，このアプローチを今回は自分ひとりで，留学生について適用したいという希望もあった[7]。また，社会学者としてフィールドに出ることが非常に重要であるという使命感もあったと思う。このような理由で，構築主義理論にもとづいた調査をデザインすることになった。

構築主義の枠組みが確定した後は，それに沿ったかたちで分析の視点をしぼっていった。つまり，日本社会の構成員が，留学生についてどのような構築活動を行ったか，そして留学生が，自らと日本社会についてどのような構築活動を行ったかを，時系列を軸に記述し構築のプロセスを明確にすることであった。

まず，日本に帰国して，インタビューのアポイントメントをとり始めると同時に，情報提供者に会ったりフィールドで得た文書を読んだりして，主な言説を調べあげた。その結果，次のような主要な言説があると思われた。

(1) 日本人留学生の行動／態度は，日本社会の問題だ。日本の社会規範に照らした場合，彼らは逸脱者だ。
(2) 日本人留学生は日本社会の国際化に必要な人材である。

(3) 日本人留学生よりも，日本社会そのものが問題だ。

筆者は，以上のような状態や行動が，どのように存在すると定義され，問題視されていったか，そしてどのような集団的／組織的な活動がそのような定義のうえに実施されていったかを調べることにした。言いかえれば，この研究の目的は，どのようにして日本人留学生に関する逸脱と社会問題のカテゴリーが社会的に構築され，どのようにしてこのカテゴリーに関する社会的な対応のパターンが形成されたかを調べることであった。

まず，留学生を，日本社会の文脈のなかで，制度的に分別されときに差別された，逸脱者の烙印を押された社会的カテゴリーととらえた。そして，この社会的カテゴリーとしての留学生が，日本社会の構成員によりどのように形成され，どのようにそのカテゴリーがあたりまえ，または常識的なものとなったかを調べることにした。さらに，留学生自身が，どのようにこのカテゴリー形成の過程にかかわっていったかを調べた。

インタビューには，以下のような問題意識をもって臨むことにした。

(1) どのようにして，日本人留学生は個人主義的すぎるとか，日本の組織社会の秩序を乱すなどという特徴が付与されるようになったか。
(2) どのようにして，日本人留学生は，後に，国際的，創造的，主体的で，日本組織社会に活力を与えるなどというような，よい評価を付与されるようになったのか。
(3) どのようにして，日本人留学生は将来の日本の経済を，海外での勉学と体験で得た国際的な視点を導入することにより救うことができると期待されるようになったのか。
(4) どのような組織や制度が，日本人留学生の社会的構築にかかわっているのか。
(5) どのようなレトリックが，企業社会による日本人留学生の不採用を正当化していたのか。
(6) どのような要因が，日本人留学生の企業社会における評価の変化の「原因」と考えられているのか。
(7) 日本人留学生自身は，どのように，自分たちについて構築され，付与されたカテゴリーを体験し，それに対して反応しているのか。

以上のような，問題意識をガイドにして，フィールドに臨んだ。

4 調査の準備

先に述べたように，この研究の主なデータは，インタビューと文書のかたちで収集した。インタビューは，企業の人事・採用担当者・就職情報提供業者・政府の関係者・留学情報提供・斡旋業者・マスコミ関係者・研究者・留学生などであった。

a 調査対象の発見

留学生に関する歴史的な情報は，先行研究や統計的な資料，文学作品などに頼った[8]。現代に入っての留学生に関する構築活動については，就職情報誌にまず注目した[9]。そしてそれらの情報誌を手がかりに，そこに掲載されていた留学生の名前や企業を拾い上げ，電話連絡をとりインタビューへの協力を求めた。ちなみに，筆者がフィールド調査のために日本に一時帰国したのは1988年の4月からであり，以下の3回の文書連絡はアメリカのカリフォルニアから行った。

まず，1988年1月に，修士論文などのフィールド調査のときにインタビューした人や知人20人弱に，調査の該当者や関連文書を紹介してくれるように，返信用の書式と切手付きの封筒を同封した手紙で協力の依頼文を送った。このはじめの打診により，いく人かの情報提供者を得ることができた。1人は，日本の大学院で関連した研究をしていた人であり，彼から何人かの関係者を紹介された。また，ある留学情報機関から，相談にきた学生についての情報を得ることができ，25人にインタビューの依頼をした。そして最終的に，初回のインタビュー対象者としては15人のインタビュー候補者を得ることができた。

次に2月に，主に企業や研究者，マスコミ関係者など15人に対してインタビュー申し込みの手紙を送った。その際，大学の指導教授からの推薦状と，返信用のはがきを同封した。この時点で把握できた日本人留学生は数人であり，正直なところ彼らを発見するのは困難であると感じていた。そしてこの状態を打開するため，3月に，日本人留学生が多く在籍する23のアメリカの大学の同窓会事務所に，日本人卒業生のリストか，同窓会の日本代表者の連絡先を送ってくれるように依頼をした。この依頼の反応はよく，18の大学から日本人留学生についての詳しい情報を得ることができた。しかし，多くは大学院レベルの留学生で，留学の前から日本で官庁や企業，大学，研究機関に職を得ている者であった（指導教授の推薦状〔図3-1〕，米国大学同窓会事務所への調査依頼文〔図3-2〕，日本人留学生へのインタビュー依頼文〔図3-3〕を参考までに示した）。

これらのデータをもとに，いわゆる「雪だるま式標本法（snowball sampling method)」を適用した。つまり，インタビュー対象者から，次々と他の対象者を紹介してもらいながら調査を続け，代表的なデータを得るに十分な数のインタビューを行ったと判断したときに調査を打ち切った。

1988年の4月から約2年間の間で，25人の企業の人事，採用担当者と，7人の就職情報誌の編集者，10人の留学関係のカウンセラー，18人の研究者やマスコミ関係者にインタビューをした。日本人留学生に関しては，45人（男32人，女13人）の，高校まで日本で学び大学の学士号は海外で取得した男女をインタビューすることができた。その他，帰国子女や大学院レベルの留学経験者など，23人（男9人，女14人）に会った。インタビューの依頼をしたが，スケジュールの都合などで実際に会えなかった人もいれば，そのなかで電話のインタビューに応じてくれた人もいる。

```
UNIVERSITY OF CALIFORNIA, SANTA CRUZ
BERKELEY · DAVIS · IRVINE · LOS ANGELES · RIVERSIDE · SAN DIEGO · SAN FRANCISCO          SANTA BARBARA · SANTA CRUZ

DIVISION OF SOCIAL SCIENCES                    SANTA CRUZ, CALIFORNIA 95064
Board of Studies in Sociology
                                                           February 4, 1988
  TO WHOM IT MAY CONCERN:

    Mr. Shunta Mori, bearer of this letter, is a doctoral candidate in sociology
  here at the University of California, Santa Cruz. He is currently engaged in his
  dissertation research on the integration of foreign college graduates in the
  Japanese corporate system. As chairman of his dissertation committee, I have
  advised him to seek a representative sample of opinion as well as policy and
  practice. In the course of his research activities, he may have occasion to
  present himself to you with a request for your time and cooperation.

    I would very much appreciate whatever courtesy and assistance you may be
  able to extend to him. Rest assured that any information that you may provide
  will be received and kept in strict confidence.

                                         Sincerely yours,
                                         John I. Kitsuse
                                         Chair and Professor of Sociology
```

図3-1　指導教授の推薦状

UNIVERSITY OF CALIFORNIA, SANTA CRUZ

BERKELEY · DAVIS · IRVINE · LOS ANGELES · RIVERSIDE · SAN DIEGO · SAN FRANCISCO   SANTA BARBARA · SANTA CRUZ

DIVISION OF SOCIAL SCIENCES
Board of Studies in Sociology

SANTA CRUZ, CALIFORNIA 95064

Shunta Mori
Sociology Board
University of California
Santa Cruz, CA 95064
March 19, 1988

Alumni Association

Dear Sir or Madam:

I am a doctoral candidate in the Sociology Graduate Program, University of California, Santa Cruz. I am currently working on my dissertation, "The Integration of the Foreign College Graduate in the Japanese Corporate System," This research aims to analyze the recent trend in which many large Japanese corporations have begun to integrate the independent foreign educated Japanese into career positions.

I will stay in Japan from April 15th to September 15th this year to interview Japanese graduates from foreign colleges. The majority of them comes from major universities and colleges in the United States, such as yours.

I am writing to request your assistance in my task of drawing a sample of foreign educated Japanese. If your institution has a Japanese alumni association, could you send me the name, address, and phone number of the contact person(s)? If such alumni group is not formed, is it possible for me to have a couple of names of the recent graduates who might be working for large Japanese corporations?   You are welcome to send a copy of my letter to the Japanese alumni to whom you have introduced me, informing that I will contact them, if you think it is necessary.

I assure you that the information received will be kept in strict confidence and will be used only for research purposes. I enclose a letter from my advisor John I. Kitsuse, professor and chair of the Sociology Department at UC Santa Cruz, supporting this research project.

Thank you very much for your help. If you have any questions or need more information regarding my research, please feel free to call me at once at 408-458-3721.

Sincerely,

P.S. If you are replying later than April 10, please mail your reply to : Mabase, Shimizu-Shi, Shizuoka-Ken, 424 Japan.

図3-2　米国大学同窓会事務所への調査依頼文

UNIVERSITY OF CALIFORNIA, SANTA CRUZ

BERKELEY・DAVIS・IRVINE・LOS ANGELES・RIVERSIDE・SAN DIEGO・SAN FRANCISCO　　　SANTA BARBARA・SANTA CRUZ

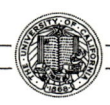

DIVISION OF SOCIAL SCIENCES
Board of Studies in Sociology

SANTA CRUZ, CALIFORNIA 95064

昭和63年　月　日

森　俊太
〒424　静岡県清水市馬走
☎：

日本企業における日本人外国大学出身者の雇用に関する研究
元留学生の方々へのご協力のお願い

謹啓　いよいよご清栄のこととお喜び申し上げます。
　海外，特に米国の大学で学ぶ日本人学生の数は毎年増え，現在およそ2万人の日本人が米国の大学に留学していると推定されています。しかし，留学生の帰国後の職業についての追跡調査はあまりなく，特に面接調査を中心とする研究は限られており，今後の留学生及び各関係機関にとり大いに必要とされています。
　さて，現在私はカリフォルニア大学サンタクルズ校社会学大学院に在籍し，博士論文「日本企業における外国大学出身日本人の雇用状況・経済的・社会的背景及び問題点の実証研究」（仮題）の現地調査を進めています。研究の目的は，1) ここ数年の間に見られる，日本企業による日本人外国大学出身者の雇用増加の傾向，2) その人達の日本企業組織・社会への同化過程，3) こうした動向と日本と国際社会の変動との関連などを解明・分析することです。
　主な調査方法として，元留学生で，現在または今迄に日本の企業に勤めている方々を中心に，その他，日本人留学生の日本企業への雇用に関係している方々に，面接してお話を伺っています。
　この度，誠に勝手ながら，この研究に協力を依頼した米国大学の同窓会事務局から，貴方様をご尽力いただけるだろう方としてご紹介いただきました。
　つきましては，貴方様に都合のよい日時と場所で，一時間ばかりのインタヴューに応じていただけませんでしょうか。質問は留学前の経歴，留学体験，現在の仕事についてなどです。私は，今年8月下旬まで日本に滞在しておりますが，できるだけ早い時期に貴方様からお話を伺いたいと存じます。関東・東海地区以外にお住まいの方々には，私が東京と静岡を拠点に研究をしていますのでお話を伺いに上がれないかも知れません。その場合には電話または手紙にてお話を伺いたいと思います。
　なお，個人名・団体名など具体的情報は一切公開しませんし，資料は学問的研究のためのみに使用致しますのでご安心下さい。
　返信用の葉書を同封しましたのでご利用下さい。誠に勝手ながらできるだけ来る7月10日までにご返事いただけると幸いです。また疑問な点やご意見がございましたら葉書にご記入下さい。
　では，ご多忙とは存じますがこの研究の趣旨をご理解の上，是非ともご協力をお願いいたします。なお，ご本人が不在の場合はお手数ながらご本人宛に転送していただだければ幸いです。ご協力感謝いたします。

敬具

図3-3　日本人留学生へのインタビュー依頼文

b 調査対象者との接触

　文書で事前に連絡がとれていた人も含めて，インタビューの申し込みは，相手の自宅や職場に電話をいれてアポイントメントをとった。まず，アメリカの大学院で博士論文のための研究をしていること，研究の目的と方法，プライバシーの保護などについて説明した。個人的な紹介の場合と，間接的な情報をもとに連絡した場合（たとえば，アメリカの大学の同窓会事務所や就職情報誌，留学相談機関の紹介）とでは，了解を得るのに後者の方が長くかかった。しかし，前者では全員，後者では10人に8人くらいの割合でインタビューに応じてくれた。協力できない理由は，多忙で時間がとれないとか，参考になる話がとくにないなどであった。断られる率は，文書での依頼の方が，電話での依頼よりも高かった。電話では，初めてであっても，相手の疑問に答えられるし，直接話している場合には心理的に断りにくい。文書であれば，多少でも納得できなかったり面倒な場合，協力できないとの回答欄をチェックしてはがきを送り返すだけであるので，断りやすい。

　インタビューの場所は，会社の人事担当者や就職情報誌の編集者などの場合はその会議室や応接室，留学生の場合は，会社の近くの喫茶店やホテルのロビー，たまに自宅であった。後に理由を説明するが，留学生の職場には顔を出さなかった。インタビューでは，自己紹介をして，研究の概要，相手に連絡するにいたった経緯を説明し，そしてプライバシーの保護の確約をしてから質問に入った。インタビューは大体1時間半くらいで，ときには3時間以上のこともあった。最後に，助言や他の紹介者を聞き，調査の進行によっては再インタビューする可能性もあることを述べてインタビューを終えた。飲食を伴った場合，代金は筆者が払った。

　再インタビューの人数は，合計で28人になった。時間的にはじめのインタビューより長く3時間ぐらいで，夕食をともにしたり，酒類を饗しながらインタビューを行うこともあった。インタビューの内容は，はじめのインタビューで十分聞けなかった部分や，はじめは相手から一般的な回答しか得られなかった部分についてが多い。

　日本人留学生を対象にしたインタビューの場合，原則として会社を通さないで，個人に直接申し込んだ。そして，インタビューに応じてくれた日本人留学生には，その後に同じ会社の上司には一切連絡をしないと約束をしたし，同組織の上司や

同僚，部下にも，相手が紹介してくれた場合を除き，接触しなかった。理由は，日本人留学生とのインタビューへの影響を避けるためである。留学生には，組織での人間関係や仕事についての質問もあり，できるだけありのままの本音の考えを聞きたかったからである。もし筆者が，日本人留学生とのインタビューの後で，上司や人事関係の同僚にインタビューするとしたら，筆者がいくらインタビュー内容を秘密にするといっても，警戒されるのは当然である。

会社を通じて留学経験者を紹介してもらった場合も2，3回ある。その方が，時間的にも手間がかからずに便利であった。人数がまとまれば，個人的に接触した日本人留学生のインタビュー内容と比較も可能であろうし，意義のあることだと思う。

5　インタビュー項目の準備

以下に事前に準備したインタビューのトピックと質問を示した。読者のなかには，非指示的インタビューで，かつ相手の主観を探る構築主義理論にもとづいた研究であるのに，詳細な質問を準備していることについて疑問に思われる方もいるかもしれないが，かぎられた時間でインタビューをする場合，準備をしすぎるということにない。要するに問題なのは準備の内容であり，意識的にも無意識的にも，研究者の状況判断や価値観の枠をはめる結果にならないようにすることが重要である。質問は一定の内容について，相手の考え方，感じ方，体験の記憶などを引き出す道具というかガイドであり，質問や質問の前提となる考え方などが回答内容を規定したり誘導したりするようなことがないようにする注意が必要である。

実際にインタビューを行っているとき，調査者の質問が聞き手の考え方に影響を及ぼしているのではないか，誘導しているのではないか，と悩むことはしばしばある。まったく影響がないということは考えられないし，前述したとおり，インタビュー結果は究極的には聞き手と話し手の2人の相互作用である。その前提のうえで，つまり相手への影響は避けられないことを念頭において，調査者の影響をできるだけおさえて，研究テーマについて相手のかかわりを聞き出すわけである。質的調査では，このような方法論上のジレンマは避けられないものであり，細かなガイドラインを個々の調査ごとに示すべきであろう。

【人事や採用担当者への質問】
(1) 日本人留学生の採用時期とその理由，不採用だったときの理由
　　　質問：いつから日本人留学生の採用を始めましたか。なぜそれまでは採用をしなかったのですか。なぜ採用を始めたのですか。
(2) 日本人留学生社員についての基本的な情報（人数，性別，年齢，出身地，入社時期，職種，留学機関，大学名，専攻分野，学位）
　　　質問：日本人留学生社員について，人数や，職種，入社時期，留学時期，大学名などを差しつかえない程度に教えてください。
(3) 採用の方法
　　　質問：具体的にどのようにして日本人留学生を採用しているのですか。
(4) 日本人留学生の評価
　　　質問：日本人留学生社員をどのように評価していますか。
(5) 日本人留学生の採用／雇用についての見解と将来の予想
　　　質問：日本企業における日本人留学生の採用／雇用の傾向についてどう思いますか。今後どのような変化があると思いますか。

【日本人留学生の就職情報誌編集者など】
(1) 留学生向けの就職情報提供の時期とその理由，不採用だったときの理由
　　　質問：いつから，なぜ日本人留学生の就職情報提供を手がけるようになったのですか。なぜ，以前は日本人留学生の採用にかかわらなかったのですか。
(2) 日本人留学生をリクルートする方法
　　　質問：どのようにして，日本人留学生を見つけて，企業との橋渡しをするのですか。
(3) 企業とのコンタクトとニーズの発掘，日本人留学生との接触のアレンジなど
　　　質問：どのように日本人留学生を採用したい日本企業を見つけて，橋渡しをするのですか。
(4) 企業と日本人留学生を橋渡しする際のレトリックと方法
　　　質問：どのように，日本の企業に日本人留学生を売り込み，日本人留学生に日本の企業を売り込むのですか。
(5) 情報提供者の日本人留学生の社員としての可能性，価値の評価

質問：日本人留学生と企業の仲介をする立場で，日本企業における日本人留学生社員の意義や価値についてどのようにお考えですか。
(6) 日本人留学生の採用／雇用についての見解と将来の予想
質問：日本企業における日本人留学生の採用／雇用の傾向についてどう思いますか。今後どのような変化があると思いますか。

【日本人留学生】
(1) 留学生の，留学前の留学や留学生についてのとらえ方，動機，家族，学校との関係，日本社会からの疎外感の有無など
質問：なぜ留学するようになったか話してください。
(2) 留学生の家族や親しい友人の留学に関しての反応
質問：あなたの家族や親しい友人などは，あなたの留学についてどう思いましたか。
(3) 仕事についての目標や，日本と海外での就職状況についての認識
質問：留学前の，あなたの仕事に関しての計画や目標について聞かせてください。
(4) 具体的な留学の実行の過程（語学の習得，金銭的準備，家族などへの説明，留学先の選択と入学手続き，留学相談や斡旋業者との接触など）
質問：具体的に，どのようにして留学の準備をして実行に移したのですか。
(5) 留学先での日常生活，学校生活，異文化体験，学問的，個人的な成長など
質問：留学体験について話してください。
(6) 出発前と個人体験後の留学についてとらえ方の差，留学の自分への影響
質問：留学と日本人留学生一般について，自分がその1人になったときどう思うようになったか話してください。
(7) 仕事の目標や計画，就職情報の入手方法など
質問：どのようにして現在の仕事を見つけて，就職しましたか。
(8) 職業意識，職場や私的生活での人間関係，日本社会への再適応，日本での疎外感の有無など
質問：日本に帰国してからの仕事や生活について話してください。
(9) 留学体験者としての自己意識，留学体験の評価，日本社会と文化についてのとらえ方

　　　　質問：留学体験が，あなたに与えた影響について話してください。
(10)　他者から見た留学体験者の行動や態度について
　　　　質問：家族や親しい友人，同僚や上司はあなたと留学生一般についてどう思っているようですか。
(11)　日本での社会的行為としての留学についての解釈や分析，日本企業にとっての日本人留学生の役割など
　　　　質問：日本の企業で働いている日本人留学生や企業にとっての留学の意義についてどう思いますか。

　以上のような質問を事前に準備して，ノートにメモしておいて，インタビューに臨む。しかし実際にインタビューを始めると，話が準備した項目のようには進まないことがほとんどであり，メモは話のあいまに聞き漏らしがないかをチェックするために使用する。

4節　インタビュー調査の実施

I　相互作用とインタビュー

　繰り返しになるが，究極的に，インタビューとは，聞き手と受け手の相互作用の産物である。両者がつくりあげる作品といってもよい。聞き手が，受け手の世界における事実を客観的に質問という測定手段によってとりだすなどということはもはや幻想である。しかし，聞き手と自由に会話をして，想像力を働かせて物語を編んでよいというのも正しくないと思う。インタビューとは，社会の一構成員であり，かつ専門技能をもつ社会学者が相手の言葉を材料として相手の世界を描き出す作業といえる[10]。そして，研究の報告には，インタビューデータを含むすべてのデータがどのように得られたかをできるだけつぶさに公表するべきである。このことは，質的な調査における信頼度と検証性の保証手段である。研究者，調査の対象者，その他一般の読者は，方法についての情報が公開されていればこそ，研究の質と意義，妥当性について判断できるのである。

　まず，聞き手である研究者のインタビュー相手への反応は記録するべき重要なデータである。相手と聞き手の関係は，インタビューを両者の作品とすると，そのインタビューの内容を規定する最も大きな要因ともいえる。はじめに対象者に

ついて名前や経歴を知ったときから，インタビューで実際に会話を交わすときまで，研究者が相手に対して何らかの印象を抱くのは避けられない。それは，よい印象であったり，悪い印象であったりするが，そのどちらも研究者に影響を及ぼす。また，相手も研究者に対して何らかの印象をもつ。インタビューに応じてくれたことは，ある程度の信頼を得ていると考えられるわけであるが，インタビューでは相手も聞き手である研究者を観察して，意識的にも，無意識的にも，回答を調整している。そこで，相手の研究者への反応も，できるだけ記録しておくとよい。筆者は，調査の相手に対しては，調査対象として，そのインタビューの回答の信頼度と個人としての好感度を，相手の研究者としての自分への反応としては，研究そのものへの協力度，研究者としての自分への信頼度，そして個人としての自分への好感度を，各々3段階のスケールにして記録している。相手の反応は，筆者の推測で行っている。

　インタビュー対象者によっては，繰り返し調査されていたり，自分たちについての調査の結果報告を見聞きしているために自己のイメージを得ている場合がある。つまり，調査者の現状認識を押しつけているような調査を繰り返され，その結果をマスコミなどで見聞きしている被調査者は，その結果を受け入れて自己の社会的カテゴリーを形成してしまい，それに従い回答をしてしまう。このような場合，調査者は自分の現状認識を，調査により再生産しているだけとなる。ここまでいかなくても，調査なれしている対象者が，型どおりの回答をしたり，マスコミを含む調査者の受けをねらった回答をする場合もある。ひところ，帰国子女についてはかなり頻繁に調査されていたが，筆者も帰国子女を対象にインタビューを試みたとき，過剰調査の影響に気がついたことがある。

　また，ともするとインタビュー相手に調査者が利用される場合もある。ある主義主張をもって活動している人々をインタビューするとき，調査者の意見を聞かれたり，彼らの運動に加担するように誘われることもあるし，ときには承諾なしに調査者の発言を有識者や研究者の意見として引用されたりする場合がある。調査を進めていくと，そのトピックに関しての専門家に関係者によってまつりあげられていることもある。そして当該の問題に関しての価値判断を下すことが求められ，そうしないと非難されたりする。研究者も，もちろん一個人であり，社会の諸々の状態，現象に関して，意見をもつのは当然であるが，調査中の対象に関して個人の意見を明らかにするのは，その調査への影響を十分予測して問題がな

いと判断した場合，または確固とした方針があり自己の立場を明らかにしなければならない場合にかぎられると思う。その他は，調査対象の全貌をつかむために，研究者は，調査対象に関する運動や政治的な動きに加担したり，意見を述べるべきではない。これはいわゆる科学的客観性を保つためとは異なる。筆者は，科学的客観性は可能だと思わない。しかし調査において，調査者のデータへのアクセスを制限し，インタビュー相手の不信感を必要以上に高めるような研究者の言動には，賛成できない。

以上に記したような，インタビューにおける相互作用に関する観察も含めて，インタビューの状況を各々のインタビューごとに明記することが必要である。具体的には，場所，時間，相手の態度やインタビューの進行の様子などであり，これらはインタビューの内容とともに重要なデータである。筆者は，調査日誌の記録を勧める。この日誌には，調査に関するすべての情報を詳しく記録しておく。インタビューの準備段階から，その状況，インタビューの内容，相手の印象などを書きとめておく。そして，紛失に備え，毎日，新しく書いた部分をコピーしておくことが肝心である。

2 用語と表現

インタビューでは，できるだけ平易で一般的な言葉や表現をつかうようにしたい。そして，調査者の意見や考え方，価値観などがあらわれないように注意を払うべきである。このことは，逸脱や社会問題について扱う調査では非常に大切である。たとえば，筆者の質問では，日本人留学生に協調性の欠如があるかどうかについて聞くとき，「とみられている」とか，「と思われている」などの言い方をして，直接的に調査者である筆者の主観がインタビューの質問にできるだけ反映されないようにした。

3 服装・マナー

聞き手の服装やマナーもデータの質に大きな影響を与える。文化人類学や社会学のフィールド調査における集団の参与観察では当然のことであるが，都市環境でのインタビューでも調査者が相手に与える印象ができるだけ極端な影響を生み出さないように工夫すべきである。とくに，日本の組織人にインタビュー調査をする場合には，注意がいる。マナーや服装による印象が悪いと，門前払いか，

アクセスを得ても表面的なデータしか得られないこともある。組織人へのインタビューの場合は，服装は組織で働くいわゆるサラリーマンに合わせたほうが目立たずによい。調査者も相手の属する集団の一員としてとけこみ，相手の自己開示を早める効果がある。

4　アルコール

アルコールは相手の緊張感を解き，いわゆる本音を聞くのに効果がある場合があるが，その使い方に注意しなければならない。原則として調査においては，研究者の方から喫茶以上の飲食を誘うことは避けるべきであろう。しかし，インタビュー時間が食事時間に重なり，相手から誘いを受けて食事をともにすることは問題はないと思う。また，アルコールを飲むことを誘われた時は，たしなむ程度におさえるべきであろう。その際の支払いは，割り勘にするのがよい。アルコールを伴う会話で注意することは，聞き手の記憶，観察，分析能力などが弱まり，インタビュー相手との関係があやふやになることである。そして，本音と建前の関係にも注意する必要がある。酒の席での「本音発言」がすべて真実とはかぎらない。日本の組織社会の構成員にいわゆる深層インタビューをする場合，アルコールを伴うインタビューになる場合が多い。この現象自体が，日本の組織の構造と構成員の意識を反映しているといえる。調査でのアルコールの「使い方」については今のところ，個々の状況において，研究者の良識にまかせるしかないと思う。今後，学会などである程度の基準を設定する必要が出てくるかもしれない。

5　テープレコーダー

記憶力については，研究者であっても人間としての限度があり，また個人差も大きい。また，同じ人物でも，記憶の対象や状況によって，よく記憶できるものと，なかなか記憶できないものがある。たとえば，聞き手と相手の位置なども関連するようで，筆者は，インタビュー中，相手が自分の左斜め前に座ったほうが，落ち着くし，後の記憶も鮮明であることが多い（このことは，右と左の脳の機能に関係するらしい）。また，インタビューの内容によっても，記憶，記録しやすいものと，そうでないものがある。たとえば，研究者がほとんど知らない専門用語がよくでてくるようなインタビュー，慣れない方言や外国語でのインタビュー，通訳を通じてのインタビューなどは，繰り返して聞かないと理解しにくい。した

がって，テープレコーダーなどの記録機器を使用するかどうか，そしてどんな機器をどう使うかは，研究者の能力や，相手の言語，インタビューの内容と性質などを総合的に判断したうえで，決めるべきであろう。

　テープレコーダーを使用する場合についての注意点を以下に述べる。テープは，インタビューの予定時間よりも少し長めのものを予備を含めて準備する。筆者は，大体1回につき2時間前後のインタビューをすることが多く，150分のテープを使う。テープのラベルには，収められたインタビューの相手，日時，場所，録音時間などを記入して，すぐにカセットに貼っておくようにしないと，後で混乱する。また，1本のテープは，その録音時間が使い切れていなくても，1人（または1セッション）のインタビューしか録音しないほうが，後の整理に便利である。さらに，マイクについてだが，最近のテープレコーダーは性能がよくなっているとはいっても，小型のマイクを使った方が鮮明な録音ができてよい。小型マイクには，いろいろなものがあるが，筆者は，指ほどの大きさで録音指向性があり机上に置くタイプを使用している。

　ビデオカメラの使用も，インタビュー相手，聞き手，その場の状況を記録するのに効果的である。三脚を持参して，カメラをできるだけ相手と聞き手の両者が映りその場の雰囲気が伝わるような角度に設置する。たしかにビデオカメラの使用は，テープレコーダーに比べて現場での設置に多少時間がかかるし，またインタビュー相手に心理的な影響がまったくないとはいえない。しかし，機器の小型化，高性能化により，現在ではかなり有効な道具といえる。もちろん，通常のカメラでインタビュー相手や，現場の状況を撮影することも有効である。

　留学生の調査では，半分近くのインタビューを録音した。食事を伴う場合は，テープレコーダーを使用しなかった。しかし，実際に録音テープを聞き直したのは，1，2回だった。正確な記録が必須である会話分析や，エスノメソドロジーのある分野とは異なり，社会問題や逸脱の社会構築の過程を調べる構築主義研究では，インタビューノートを記憶の新しいときにつくることの方が大事であって，機器による記録はあまり重要ではないと思う。むしろ，インタビューの内容によっては，いくらプライバシーの保護を約束しても，録音に話しの内容が残ることに相手が不安を感じることもあるので，インタビューに慣れてきたら使用しない方がよい場合もある。いずれにせよ状況により判断するべきである。

6　インタビューの記録・記述

　インタビューの記録ノートは，できるだけ表の形式にしておき，略語や記号を決めておくとよい。

　記憶がうすれ，面倒になってしまわないうちにメモをできるだけ早く清書することが大事である。パソコンやワープロはメモをそのまま打ち込んで，後で自由自在に文字を移動できるので便利である。ノート型またはもっと小さいパームトップ型を利用し，インタビュー後即座に入力することができればさらによい。手書きの方が速い人は手書きでもかまわない。とにかく要は早くメモを整理することである。また，インタビューのメモやその清書版であるインタビュー記録はコピーをすることが大事である。パソコンやワープロでは，用語検索機能でキーワードが見つけられるので非常に便利である。キーワードがそのままインタビューに出てこない場合は，入力の際その部分にキーワードや検索用の記号を挿入しておけば，後に検索可能になる。データベースソフトも便利であるが，ワープロソフトでも十分事は足りると思う。

　また，インタビューを数回実施したら，そのなかで最も充実した内容のインタビューをモデルインタビューとみなし，なぜそのように充実したのかを調べて，その後のインタビューにいかすようにする。

7　インタビュー前後の心構え

　基本的なことだが，約束の時間より十分早目にインタビューの場所に着き，下見をして騒音や照明の状態などをチェックして，静かに話が聞けるところかを確認しておく必要がある。また，相手についてはできるだけ知りうることは調べておいて，かぎられた時間のなかで，重要な質問に十分な時間がかけられるように配慮するべきである。また，インタビューのフォローアップとして，相手にはがきか手紙で礼状をすぐに書くことが礼儀である。そして，調査の結果が印刷物としてまとまったら，すべてのインタビュー相手に1部送付することが必要である。インタビュー相手は，自分のインタビューがどのように調査に反映しているか，また調査研究の結果に興味をもっているし，またそれを知る権利があると思う。最終的な研究結果が出るのが遅れる場合には，中間報告でもよいので，1年以内くらいには何らかの報告をしたい。筆者は研究の報告を送るのがインタビューの数年後になってしまったことがあり，報告書の半数が，相手の移転や転職のため

に返送されてしまったという，苦い経験をもつので，この重要さをなおさら強調したい。

8　インタビューの解釈と分析

　フィールドでインタビューと文献収集を続けているときには，もちろんそれらの解釈と分析も同時に行うことになるが，時間的な制限のためインタビューと文献収集に主な時間を割くことになる場合が多い。そして，当初計画していたデータが得られたら，調査を打ち切り，その後にインタビューの記録，文献，調査日誌を整理し，メモ書きのものはコンピュータに入力する作業が始まる。このフィールド後の作業にかなりの時間がとられる。しかし，このような手作業の間も，頭の中では理論枠組みや問題意識に沿ったデータ解釈と分析が行われているので，気がついたことは調査日誌に引き続き記録しておくことが重要である。

　以上のようなデータの整理が終わったら，いよいよ分析と記述にはいる。筆者は，データを，時系列にまず整理をした。そして，個人や組織ごとに，構築の主な内容とレトリックを抽出してカードに書き出し，構築の過程を川のようにみなして模造紙に張り付けていった。それは，幅1メートル，長さは数メートルになった。そしてそれを縮小した概念図を描いて，視覚的に構築の流れをとらえ，そのなかで，いつ，誰が，どこで，どのような方法で，どのような動機で，どのような理由づけをもって何をしたかを書き上げて，それらの関連を図に表していった。

　この図表化の作業の過程で，何らかのパターンが浮かび上がってくる。言いかえると，構築の舞台での役者である参加者の動きがみえてくるのである。具体的には，複数の参加者を一定の特徴によりグループとしてまとめることができたり，使用される理由づけやレトリックが，いくつかのタイプに収斂したりするのである。日本人留学生のインタビューをまとめていたときは，彼らの職場での適用の態度が大きく3つに分けられることに気がついた。また，時系列で，日本人留学生についての言説を調べていくと，1980年代の後半に，その内容に大きな変化がみられることがわかった。また，日本人留学生の雇用の理由を関係者に聞くうちに，表向きは国際化というレトリックが何となく使われていたが，実際は急速な企業活動の国際的展開に必要な即戦力の補充と，一般的な人手不足が主な理由であることが浮かび上がってきた。

インタビュー回答の記述や分析の際に気がついたのだが，無意識のうちに研究者としての分析的な立場を離れ，当事者としての自分が推定する文脈でインタビューの内容を理解し，解釈してしまうことがあった。現代社会に生きるわれわれは構造機能主義にみられるような近代合理主義的思考に大きな影響を受けており，日常生活での現象を，因果論的に，〈ああだからこうだ〉または〈ああしたからこうなった〉ととらえて，納得する傾向が強い。だから，現象学的に自己の状況判断や価値判断を保留して，他者の考え方を総体的にとらえるのには訓練を要するのではないだろうか。

5節　おわりに——インタビューと道徳的言説としての社会構築

構築主義研究は，その提唱当初の，社会問題や逸脱の対象の定義と構築活動，それに社会制度との関係に焦点をおいた時期から，より一般的な社会的構築活動を対象とし，それを道徳的言説ととらえて，そのレトリックなどの特徴に注目する段階に移ってきている。また，ミクロの状況での言説データを重視するようにも変化してきている。それは，イバラとキツセが主張する，いきいきとした日常的言語活動に注目するべきであるという主張の反映であろう。この意味でも，調査方法としてのインタビューがますます活用されるべきであろう。

もちろん，調査方法は，研究の課題により最も適したものが選ばれるべきである。構築主義研究では，その分析枠組のなかでさまざまな研究課題が考えられる。本書で解説される質的な方法はもちろん，いわゆる量的な方法も，それらが因果的な関係を説明するために用いられるのでなければ利用できる。現状では研究者は，ややもすると一定の方法の専門家となり，そればかりを利用しがちであるが，プロの社会学者としては質的，量的などの区別を問わず，さまざまな調査方法の基礎を，身につけておくべきであり，研究課題や状況により最適な方法を選び，組み合わせたりして調査するべきである。自戒の念をこめて，あえてこれを強調したい。

注
1） 横田澄司『深層面接調査法〔増補新版〕』新評論，1977. は，非指示的な深層インタビューについて丁寧に書かれていて，大変参考になる。とくに，第5章の「面接技術の基本的原理」や第6章の「面接技術の方法」は，本章では踏み込めなかった具体的な示唆に富み，実際にインタビューを行う際にガイドとして有益である。
2） Spector, M. & Kitsuse, J. *Constructing Social Problems*. The Benjamin/Cummings, 1977. 邦訳は，村上直之・中河伸俊・鮎川　潤・森　俊太訳『社会問題の構築：ラベリング理論をこえて』マルジュ社，1990. 構築主義の紹介としては，中河伸俊「クレイム申し立ての社会学（上，下）」『富山大学教養学部紀要人文・社会科学編』第22巻2号，1989（上），第23巻2号，1990（下）がある。
3） Ibarra, P. & Kitsuse, J. "Vernacular Constituents of Moral Discourse: An Interactionist Proposal for the Study of Social Problems." In Holstein, J. & Miller, G. eds., *Reconsidering Social Constructionism: Debates in Social Problems Theory*. Aldine De Gruyter, 1993. 邦訳は，中河伸俊訳「道徳的ディスコースの日常言語的な構成要素——社会問題研究のための相互作用論の立場からの一提案」（未出版）．
4） Mori, S. *The Social Problems of Students Returning to Japan from Sojourns Overseas: A Social Constructionist Study* (Ph.D. dissertation, University of California, Santa Cruz). University Microfilms International, 1994. 中間結果をまとめたものとして，森　俊太「日本企業による外国大学卒日本人の雇用の変化：逸脱者から国際人へ？——アメリカ四年制大学卒業者の場合——」，岩内亮一・門脇厚司・安部悦生・陣内靖彦『海外日系企業と人的資源：現地経営と駐在員の生活』同文舘，1992. がある。
5） Mori, S. "The Study Abroad Boom in Japan." *Dept. of Sociology*. Colorado College, 1982. Unpublished paper.
6） Mori, S. "Ryugaku: The Emergence and Development of an International Educational Problem in Japan." University of California Santa Cruz, 1985. Unpublished paper.
7） Kitsuse, J., Murase, A. & Yamamura, Y. "Kikokushijo: The Emergence and Institutionalization of an Educational Problem in Japan." In Schneider, J. & Kitsuse, J. eds., *Studies in the Sociology of Social Problems*. Ablex Publishing, 1984.
8） 最も参考になったのは次の研究であった。Bennett, J., Passin, H. & McKnight, R. *In Search of Identity: The Japanese Scholars in America and Japan*. University of Minnesota Press, 1958.
9） 『留学生のための就職情報』リクルート U.S.A.（後に，『国際派のための就職情報』），『ADAPT』セルネート，『Challengers』イフ外語学院，『DIA-ACCESS』ダイヤモンドビッグ，『日経就職ガイド——国際版』ディスコなど。
10） この項目に関しては以下の著作が参考になる。Browne, J. "Field Work for Fun and Profit." In Golden, M. ed., *The Research Experience*. F.E. Peacock Publishers, 1976. Wellman, D. *Portraits of White Racism*. Cambridge University

Press, 1977. Clifford, J. & Marcus G. eds., *Writing Culture: The Poetics and Politics of Ethnography*. University of California Press, 1986.

（森　俊太）

4章　参与観察法と多声法的エスノグラフィー
　　　　　　　　　　——学校調査の経験から

1節　はじめに

I　エスノグラフィーとは何か

　一般に「エスノグラフィー」は民族誌と訳されるが，それは主に文化人類学において，実際に現地に赴いて比較的長期間滞在し被調査者と生活を共有しながら，集団や組織の文化を観察・記述する方法である。当初は，特異な文化をもつ「未開の民族」を調査する方法として普及したが，コロニズム（植民地主義）の解消やエスニシティ（自民族性）の変質などによって，現在では都市や学校など近代社会内部の文化にも適用されるようになってきている。

　社会学においても，1930年代に隆盛をきわめたシカゴ学派以来，これと同種の「参与観察法」とよばれる調査方法がある。この方法も，はじめは都市における逸脱集団や下層階層など閉鎖的な社会集団の生活を直接記述する方法として登場したが，現在では現象学的社会学やエスノメソドロジーなどの影響を受けて，社会内部の日常性を支える文化の特質を解釈・記述する方法として用いられている。

　すなわち両者には，歴史的社会的な学問背景の違いこそあるものの，方法としてきわめて共通した特質がみとめられる。そこでここでは，文化人類学者マリノフスキー（Malinowski, B.）らの古典的理解にならって，「エスノグラフィー」をフィールドワークによる現地体験を通した「調査のプロセス」と，その結果解釈・記述された「モノグラフ」とからなる調査方法として理解し，実際のフィールドワークにおける主たる技法として「参与観察法」を位置づけておくことにしたい[1]。また記録方法についても，近年のＡＶ機器やパソコンなどを利用した再現性の高い手法（コンピュータ・エイズ・メソッド）ではなく[2]，従来からのノート記録形式（フィールド・ノーツ）を念頭におくこととしたい。

2 エスノグラフィーの再発見

さて、前述したようなエスノグラフィーは長い歴史を有する古典的な研究方法であるが、意外にもわが国の教育社会学においては、経験科学が標榜された大戦直後を除けば、それが用いられることはほとんどなかった。その1つの理由は、研究者が閉鎖的な教育現場で教師など組織成員として観察研究を行う機会そのものが限られていたからであったが、そればかりでなく、自らの研究過程そのものを提示しながら現場の日常性についてモノグラフを書き上げること自体が、量的調査法に比べて非客観的で記述的な研究と理解されやすく、「研究論文」として認知されにくかったからでもある。

だが1980年代に入って、イギリスで発展した「新しい教育社会学」における参与観察研究が数多く紹介され、少数ではあるが、わが国の研究者もこの方法を用いるようになっていった。そこでは、教師や生徒などによる日常的な出来事の理解や認識を分析対象とした「解釈的アプローチ」の強い影響を受けながら、実際に学校の日常生活に入り込み、ふだんなにげなく意識することなく行われている自明な出来事の生活者自身による解釈を記述することが試みられていった。

ここに、いわばエスノグラフィーの再発見が起こったのである。

3 多声法の提唱

こうした経緯のなかで、筆者自身も、1982年にほぼ10カ月間にわたって、非行問題が多発し多くの中退者を生み出していた「教育困難校」と称される高校で、実際に教師として勤務しながら参与観察を試みた。この調査で筆者は、同世代の同僚教師をインフォーマント（情報提供者）としながら、学校内——ときとして、教師になじみの店や下宿など——で見知った出来事のメモ書きを、ほぼ毎日フィールドノートにまとめて記録し、それを原資料（一次データ）としてモノグラフに再構成するという作業を行った。このデータは後に、ルイス（Lewis, O.）の文学的リアリズムの立場から[3]、学校研究のテクストすなわち新任教師の職場理解過程の「物語」として記述される（資料4-1[4]参照）とともに、学校組織における授業ストラテジーいわゆる「生き残り戦略」の理論からも分析的に記述された（資料4-2[5]参照）。

現在になってこうした調査経験をふり返ってみると、エスノグラフィーという方法が、概して「知られざる事実」を発見し理論の生成をはかっていく技法とし

資料 4-1

　赴任したその日，校長は自分の部屋に私を呼んだ。そして，にこにこと笑いながら，次のような話を始めた。
　「いろいろ聞いてもいるでしょうけど，この学校の生徒は，先生〔私のこと〕が行っていたような良い学校の生徒とは違いますからね。まあ，あんまり教えようなんて気にならず，気楽にやって下さいよ。…別に気にしなくていいですから，（先生の思うとおり）何でも自由にやってみて下さいよ。」
　話を聞きながら，最初，私は，校長が教職経験のない私に気をつかってくれているのだろうと思った。なぜなら，校長という職にある人が，自分の学校の生徒をこのように悪くいい，又授業などどうでもいい事のごとく言うことが信じられなかったからだ。けれども，いまとなれば，これは校長にとってかなり"本音"の発言だったようだ。

資料 4-2

　第一に，教師は，出席や遅刻のチェックという方法を用いて，授業秩序を維持しようと試みる。
　教師は生徒の授業出席の状況を記録する義務を負っているが，これは換言すれば生徒が授業に出席したかどうかを判定する権限を有しているともいえるのである。非進学校の教師は，この出席判定の権限を巧みに用いて，授業を混乱させようとする生徒をコントロールしていく。例えば，英語科の若手教師はこの点に関して職員室で次のように述べていた。
〈（6月14日）女の先生なんか，席を変わったり立ったりする生徒は欠席（扱い）にするっていっているみたいだな。——エンマ帳〔教務手帳〕にその場でチェックするからね。〉
　実際，非進学校の生徒は「出席」のチェックに敏感に反応する。なぜならば，「出席」が卒業・進級の基本的判定材料になることを熟知しているからだ。

てイメージされていることに少なからぬ疑問を感じている。なぜなら，現場で出会う「現実」なるものは，けっして一次元的な「事実」として厳然と存在するものではなく，むしろ自明で記述価値のないものであったり，多元的で可変的なものとしてあるのであって，それがあたかも1つの「真実」のようにみえるのは，研究者がどこか意図的にその「事実」を再構成していくからにほかならない。そうであるとすれば，研究者は，「知られざる事実」に出会ったというより，むしろ「記述」という行為を通して，こうした重層的な「現実」のなかからある「事実」を意図的に切りとり，「寓話化 (allegory)」してきたのであって，そのことに対して一層自覚的でなければならないと思うからである[6]。そして同時に，こうした「寓話化」を単に分析上の自明の原理とするのではなく，調査の文脈のなかから産出される流動的な「現実」の認識作用そのものとしても呈示すること，文学理論的にいえば，構造主義的な物語分析としてより，状況主義的な物語行為論の視点からそれを理解することが必要なのである[7]。その点で今日貴重な示唆を与えてくれる研究方法として，調査過程それ自体の記述を重視し，被調査者との間で対話的に構成されていく「現実」の記述を試みようとする「多声法的エスノグラフィー」があるといえる。

そこで本章では，近年注目を集めるエスノグラフィーの社会的構成過程を整理し，現状の問題点を指摘したうえで，多声法的叙述を基盤とした新たなエスノグラフィーの可能性を論じていきたい。そして，最後に実際の学校研究事例についても反省的検討を加えながら，その視点の有効性を考えてみたい。

2節　エスノグラフィーのリアリズム幻想

1　エスノグラフィーへのニーズの拡大

1980年代後半から，質的調査法に対する関心が高まり，量的調査法一辺倒だった調査概論書でも，インタビューや参与観察，ライフヒストリーなどがとりあげられるようになった[8]。また欧米の質的調査法に関する研究書の紹介あるいはその再評価などもあって[9]，現在では多くの研究者が学校や地域社会などでフィールドワークを行うようになり，最近の国際化の進展もあってか，「エスノグラフィー」という専門用語自体もすっかり定着してきた[10]。さらに修士課程増設に伴う多様な学生の学習要求や教育現場での臨床的関心の増大，あるいは市民運動

から派生した現実理解への草の根的欲求などによって，大規模な調査チームを必要とせず個人の現実感覚からスタートできるこうした調査方法への社会的需要は一層拡大する傾向にある。

　また教育社会学の領域に限定してみても，近年学校研究を中心に少なからぬモノグラフが著され，蓄積されていった。当初それは，「新しい教育社会学」を契機としたクラスルーム・エスノグラフィーとして始まり[11]，「文化的再生産」論の視点に接近した生徒文化・学校文化研究[12]，あるいはエスノメソドロジーによる学校現場での談話分析[13]などへと展開していった。前者においては，ウィリス（Willis, P.）らのカルチュラル・スタディーズ（CS）などに依拠しながら，観察記録から高校階層構造下の生徒文化と社会階層・ジェンダーなどによる抑圧的文化性との関係が分析され，一方後者においては，VTRや音声データを利用して，メハン（Mehan, H.）らの会話分析などを応用しながら，教師—生徒間における相互作用の構造自体に潜むヘゲモニー（権力的な文化性）を析出することが行われた。さらに最近では比較文化教育論の視点からスクール・エスノグラフィーを行おうとする方向もみられ[14]，そこでは「内在的な集団主義」など日本文化の特質をとりあげながら，諸外国との比較によって日本的な学校文化の特質を分析する作業が行われている。

　このように研究対象や視点，分析方法などミクロからマクロまできわめて多様であるものの，エスノグラフィーという方法それ自体はしだいにこの領域にも定着してきたといえる。そして，この方法を体系的に理解し，トレーニングを通して習得したいという学問的欲求も，若手研究者を中心にしだいに広がりつつある。

2　「いきいきとしたエスノグラフィー」という神話

　ではなぜ近年このような方法が受容されてきたのだろうか。1つの要因としては「現場主義」への礼賛があるとみられる（宮台真司）[15]。現代社会では，「島宇宙」とよばれるような既存の共同体とは別に形成された個別な集まりの場が多数存在し，それに対応した情報チャンネルの極度な分化によって，研究者にとって見えにくい「裏世界」の情報はきわめて獲得しにくくなっている。そこで「ポストモダン」といった紋切り型の社会イメージをふり回すだけの書斎の学から脱して，「現場にもぐり込むこと」を奨励する雰囲気，いうなれば「現場主義」への要求が急速に強まりつつある[16]。

たとえば，若手研究者，朝倉景樹の『登校拒否のエスノグラフィー』は，構築主義の視点を取り込んだフリースクール（支援塾）に関する興味深い著作だが，ここでもエスノグラフィーという方法は次のように説明されている。

> （この本で）エスノグラフィーという言葉を使ったのは，〈登校拒否〉をしている子たちについて文字化されたもののレトリックをいじくり回すことに終始するのではない研究が大切だと考えるからである。……さまざまな出来事が生起する場に身を置くことが大切であると感じたということである[17]。

つまり，エスノグラフィーの価値は，研究者の現場体験自体，そのリアリティ自体にあるというのである。

たしかに現場体験は研究者個人に固有の直接的出来事であって，そこにはなにがしかの神秘性が伴うため，こうした認識の特権化は強まるだろう[18]。しかしながらともするとそれは，現場体験の重要性とエスノグラフィー自体の有用性とを安易に同等視するという危険性を伴っている。つまり，「現場主義」の重要性を受容することによって，同時に書かれたエスノグラフィーのリアリズムにノスタルジックな思い入れをし，ついにはある理論なり技法なりを携えて現場に立てば，実際の経験や「現実」に即した記述・分析ができると期待するのである。よくいわれる「いきいきとした（live）エスノグラフィー」という神話は，ここに成立している[19]。

3 無自覚なリアリズム信仰

もちろんいうまでもなく，「いきいきとした」という形容は，「感覚的で非論理的な」という意味ではない。概して，調査の一般的手続きをふんでデータを整理し，仮説発見的あるいは検証的な調査を目指している研究者は，自身のエスノグラフィーを客観的体系的な記述とみなして，「いきいきとした」という表現にはあてはまらないと主張する。その根拠には，たとえばハーマスレイ（Hammersley, M.）らのあげる，①調査の設計，②対象への接近，③現地での関係づくり，④内部での人々の説明・質問のあり方，⑤文書資料の活用，⑥データの記録と反省，⑦分析の過程，⑧記述形式，といった調査段階を正確に踏襲し科学的分析を行ったことがあげられよう[20]。あるいはまた，「被抑圧的」とみなされる階層や集団を調査し，その抑圧の現状を分析してその改善の方途を見出したい（「声なき人々」の代弁）とする改良主義指向の研究者も，自身のエスノグラフィ

ーを社会理解や貢献への手だてとみなして，イデオロギー的観点からこうした表現を否定するだろう。

　だがこうした研究者たちも，けっしてエスノグラフィーに対するリアリズム幻想から開放されているわけではない。むしろ彼らも，「正確」と思える事実あるいは「リアルに」感じとれるエピソードを想定し，それを把握しようとして，上述したような手続きのレベルで一層の努力をしてきたのである。言いかえれば，そうした幻想に気づくことなく，それを暗黙の前提すなわち研究のコンテクストとして，現場主義の知見を科学的あるいはイデオロギー的視点から正当化しようと努力してきたのである。そこには，リアリズム幻想への無自覚な依存があったといえまいか。

　むろんこう述べたからといって，データ収集におけるフォーマットの確定や解釈の公準，あるいは研究目的の明文化など研究手続き一般を軽視してよいといっているのではない。それは被調査者と無限な時間・空間を共有することのできない参与観察法の基本的前提なのであって，知見の「信憑性」なり「納得性」なりをすぐさま保証するものではないと述べているのだ。

　繰り返しいえば，実際に現場に立った経験と「現実」の理解や記述とは必ずしも連動しない営みなのであり，このようなリアリズム幻想を基盤としてエスノグラフィーを重視することは，かえってこの方法の本質的意義を見失わせ，研究の復古的イメージへ逆戻りさせる危険性がある。そして前述した宮台も指摘するように，最悪の場合，エスノグラフィーという方法は，「リアリティ」の把握どころか，現場体験から情報の欠落あるいは不足しただけの一方向的な記述（モノグラフ）を読者に提供することにさえなりかねないのである。だからこそ現在われわれは，再発見されたこの方法の意義をいま一度再構築していく必要がある。

4　エスノグラフィーのオーディエンス

　それでは，従来どうしてエスノグラフィーは，これほど顕在化したかたちで現場主義に根ざした有用性，いわばリアリズムの有用性を主張されやすいのだろうか。われわれは，こうした「語り」が誰に向けられた主張なのかを再度確認しておく必要がある。

　いうまでもなく，教育社会学のディシィプリン（学問分野）においては，制度化されたターミノロジー（用語法）が流通し，その文法にもとづいて「知」が生

産されている。言いかえれば，学問的な専門用語を活用しながら，研究者集団にとって理解可能で有益とされる「学問知」が生産されてきたのである。もちろん，従来の量的調査とその解釈にも，こうした知の生産様式は妥当するものとされてきた。すでにふれた仮説─検証図式の提唱や数学的検証過程の重視などは，こうしたいわば科学的生産様式を具体的に提示したものといえるだろう。

　それに対して，エスノグラフィーは，表面的にはこうした知の呪縛から逃れ，新たな創造性の契機を生み出す方法とみられてきた。すなわち，研究者が従来の「学問知」をもってしては理解できない事実に遭遇することによって，新たな理解あるいは理論を生み出すチャンスが生じうると考えられたのである。そのため，フィールドワークにおいて安易に固定した理論に依存することが戒められ，研究者の主体性を強調した「感受概念」の重視や柔軟な「リサーチスタイル（比較法）」の選択などが求められることになったのだ[21]。一言でいえば，調査の過度の制度化によって失われつつある「社会学的想像力」の復権が求められたのである。

　だからこそそれは，反面で「科学的客観性」批判といった対抗的な言説を生み出す根拠ともなっていった。エスノグラフィーは研究者の主観的な解釈に依存し妥当性のない調査であるといった批判は，その代表である。こうした言説は，いわば先のような肯定的な言説と表裏の関係にあったといえる。そしてまた，言説間の葛藤や融和の産物としてベッカー（Becker, H.）の「分析的帰納法」に代表される折衷的な調査方法が提案されもしたのだ[22]。

　それゆえ，ある意味で「ノンフィクションノベル」にも類したロマン的表現主義の産物ともみえるこの方法が，近年になって急激に歓迎されたとすれば，そこには研究者集団のオーディエンス（読者）があったとみなくてはなるまい。つまり，このオーディエンスは，エスノグラフィーによる作品（テクスト）を自らの学問的文脈に再度位置づけ，そのリアリズムにもとづく知見を改めて支持してきたのである。別ないい方をすれば，事実発見であれ理論生成であれ，あるいは方法擁護であれ批評対象としてであれ，エスノグラフィーを「方法」として利用してきたのだ。

　こうみてくれば，むしろここで議論すべきなのは，単にエスノグラフィーの調査技法や記述形式，つまり「科学的手続き」それ自体の正当性あるいは厳密さだけではなく，フィールドワークという作業を前提としたうえで，こうしたテクス

トの正当性をめぐって展開されてきたオーディエンスと調査者との相互関係の所産そのものであるといえよう。

5　エスノグラフィーの生産過程

そうだとすれば,調査者がいかなるオーディエンスを意識して,どのような「声」を伝えるためにテクストを作成しようとしてきたのかを理解することが改めて必要となってくる。

いうまでもなく調査は,調査者(エスノグラファー)の経験―解釈―記述が1つのシステムをなして進む研究作業である。調査者は,フィールドワークの過程で繰り返しこうした作業を行う。それはモノグラフの完成へ向かう「スパイラルな作業」ともみえる。

しかしながら,その成果は「真空な場」で理解されるわけではなく,すでにいくつかの埋め込まれた条件のもとで読み込まれる。たとえば,アメリカの文化人類学者クリフォード(Clifford, J.)の指摘するところによれば,少なくとも,次のような条件が存在する[23]。①成果を呈示する際にそれが読み込まれる研究の場の「文脈性」,②成果を作品として記述する際に使用され容認されている「レトリック」,③各学問領域が他のそれとの関係のなかで位置づけられている「制度的状況」,④小説など文学作品と異なり研究論文として認められる「一般性」,⑤文化のリアリティを感じとらせる学問的権威を伴った「政治性」,⑥これらの条件を規定する広範な「歴史性」などである。これらを背景としながら,調査者は調査知見に関する論理的な記述を行っていくのである。そこには,ある現場の「現実」を記述するための暗黙の諸前提がある。

もちろん,このことは「現実」が常に一義的にしか記述できないということを意味しているのではない。つまり,調査者が「受容されうる現実」しか書けないと述べているのではない。われわれは,そうした前提に身をおきながらも,オーディエンス(読者)との意味伝達をめぐるネゴシエーション(交渉)に挑戦していくのであり,その点できわめて説得的戦略的に「現実」についての記述を行うのである。言いかえれば,学問の場の状況に対処しながら,すでに存在する他の諸研究の理解とそのテクストとの差異化をはかりつつ,自己の記述内容の正当性を主張していくのである。そのため,そこにはいくぶんかの差異性をおび,多元化したかたちでの「現実」が絶えず産出されていくことになるだろう。

そしてむしろ，こうしたテクスト記述の生産過程において，エスノグラフィーという調査方法は内実をもつことすなわち「ジャンル」として成立することが可能となり，「何が書けるのか」が問われることによって，単にある種の情報収集——たとえば，ルポルタージュやドキュメンタリー番組のそれなど——とは異なるフィールドにおける調査者と被調査者との特殊な関係性が構成されることにもなるのだ。いうなれば，テクストの生産にとって肝要とされるかぎりにおいて，フィールドワークが実質的意義をもちうるといえよう。

それゆえ意地悪ないい方をすれば，調査者は自分の出会った「現実」から何かを書くのではなく，書きたい「現実」と出会ったのである。「テクスト作成の意図」が絶えず問われざるをえないのは，この研究方法がこうしたアイロニーを常に抱え込まざるをえないからにほかならない。

したがってこの意味において，調査者のフィールドにおける調査プロセスを含めた記述そのものが重要な検討の対象となってくる。

3節　新たなエスノグラフィーの可能性

1　エスノグラフィーの社会的構成

そこでわれわれは，フィールドワークもまた，「調査」というある状況あるいは「局域」に埋め込まれた他者との相互行為であることの意義を認識しておかなくてはならない。

ライフヒストリー研究を長年行ってきた社会学者，桜井厚は，調査行為の相互関係性について次のように述べている。

> （調査で収集される）語りは語り手の経験したことに還元されるのではなく，語り手の関心と聞き手の関心の両方から引き出された対話的混合体なのである。……語りの場こそがライフヒストリーを創造する文化的な営為の場であると私は考えている[24]。

桜井も指摘するとおり，「調査」という営為とりわけ対面的な調査行為は，調査者と被調査者との相互作用そのものであり，一定の状況下で互いの関心や意図のすり合わせ，すなわち交渉過程のなかから構成されていくものである。言いかえれば，意識するとせざるとにかかわらず，調査者と被調査者は，調査の進行する過程においてその場の意味を再帰的に確認し合いながら，共有可能なテーマを

さがし求め，結果として調査営為を構築していくのである。そこではいうまでもなく，調査者の意図だけが独り歩きできるわけではない。

　もちろん，前述のような聞きとり調査（インタビュー）では，被調査者との対話が調査の中核をなしているので，調査の構成的側面がきわだって意識されると指摘されるかもしれない。現場の自然な日常性に入り込む参与観察法では，調査そのものの条件が違うと指摘されるかもしれない。しかしながら，参与している調査者が，現場に生起する出来事の意味を解釈しようとすれば，おのずとインフォーマントなり他の被調査者と相互関係をとり結ばなければならず，そこには先の調査と同じような状況が生まれているといえ，仮にそれがなければ，フィールドワークそのものの存立意義が損なわれてしまうともいえるのだ。そして，たとえ調査者がなかば「スパイ」のように調査意図を隠蔽しまったくの現場成員としてふるまう場合であっても――実際，筆者の調査はそのケースに近かったが――，依然として調査者からみた調査の「構成性」が解消することはありえないのである。

　このようにみれば，調査技法がいかようであれ，また調査者の立場がどのようであれ，調査営為が「調査」という文脈のなかで特殊な行為として構成的に進行することはその必然的な特質であるといえよう。

2　「開かれた現実」としてのエスノグラフィー

　それゆえ，調査のこうした特質は，それ自体では何らの「バイアス」でもない。むしろそれは，こうした相互行為の進行に合わせて，調査者にとって探索される「現実」すなわち出来事としてのそれが絶えず新たに構成されていく可能性をおびているということ，言いかえればそれが，調査営為のもとで「開かれた現実」として存在しているということを示している。

　この点を容易に理解するには，反対に「非構成的な調査」を想起してみればよい。その場合には調査者は，相互行為を先導しているという認識がなく，相互行為の過程で構成されていく「現実」に参加しないまま，あるいは参加しているという自覚がないまま，自己の一方的な解釈に沈溺して現場での記述を行うことになるだろう。シンボリック相互作用論の立場に立つ社会学者デンジン (Denzin, N.) は，こうした調査者のスタンスを「侵入的記述」と名づけて厳しく戒めているが[25]，それは単に調査者のモラルや研究態度の問題だけではなく，調査営

為認識自体の欠如に関する問題を指摘したものなのである。つまり，調査者が調査営為の構成する「現実」に参加していること，あるいは参加していないことを認識できないことこそが本質的に重要な問題だというのである。

　誤解を避けるために補足しておけば，こうした相互行為としての調査の理解は，いわゆる他者との「出会い」の創発性といった実存的感覚とも異なっている。もちろん，カルチャーショックのような異文化体験が「現実」の解釈を変えていくことはまちがいないが，それは単に他者（被調査者）と「出会う」ことから生まれたのではない。むしろ，そうした他者や周辺環境との相互行為の違和感を，研究者自身が解釈していくことによって生まれたのである。その意味で「出会い」もまた，相互行為を通した解釈過程のなかではじめて意味を生み出すといえる。それゆえ，バーガー（Berger, P.）らが「方法としての解釈」のなかで指摘しているように，自明性を相対視する認識の形成過程としてすなわち解釈の構成的過程としてしか，社会学の「方法」は成立しえず，また意義をもちえないともいえるだろう[26]。

　またそれに関連して，従来「ラポール」（親和的関係）の不足や「オーバー・ラポール」（過剰な親和関係）とよばれたものが何であったのかもみえてくるのではなかろうか。いうなればそれは，単なる調査者と被調査者との人間関係の「深さ」といったものだけではなく，交渉過程の結果としてみえざるをえなくなった「現実」が誰にとっての「現実」（特権化された現実）になっていたのかを端的に指し示している用語なのである。すなわち，記述されたテクストの読みのなかから，調査者あるいはある被調査者のモノローグ（独白）ばかりが聞こえ，一方的な記述ばかりが認められたとき，そこに読者（オーディエンス）は調査者の現場経験の歪みあるいは対人関係の偏りを読み込んで，ラポールの過不足を指摘してきたということなのである。もちろん調査者個人にとってのラポール評価（「調査時の社会的距離」）もありえようが，それとは別に，こうした理解は，すでにみた現場主義のリアリズムという視点，つまりテクストを現場体験と密着させて読もうとする読者の論理から考えれば，必然の帰結だったといえよう。

　したがってこのようにみてくると，エスノグラフィーという方法において調査者は，被調査者との「調査」状況下での相互作用のなかでどのような観念が共有されたのか，あるいはどのようなディスコース（対話）が成就しえたのかを絶えず確認していかなければならない。また同時に，調査者は調査過程のなかで被調

査者とのネゴシエーションのなかから構成されていく「現実」が時間経過のなかでいかに変化していったのかにも意識的でなければならないのである。

なぜならこの方法は、他の質的調査法以上に明示的に、「調査」がその特殊な文脈に埋め込まれている営為であることを意識させる方法であって、調査者はこの特性に着目しながら現場の「現実」と出会うことで、社会理論のエクササイズ（演習）を行っているともいいうるからである。

3 調査者の特権性

このようにエスノグラフィーの構成性を理解してくれば、調査者が素朴に「事実」を発見しているとはとうてい考えられないだろうし、さらにそればかりでなく、調査者がフィールドにおいて成員に共有されている意味体系を解釈・理解していけるはずだ——それが、主観的解釈学としてであれ、深層的構造主義としてであれ——という調査営為の前提そのものにも、疑いの目を向けていかなければならなくなるだろう。

たとえば、文化人類学者ギアツ（Geerts, C.）は、解釈人類学の立場から、調査者が被調査者の意味理解をより精緻に重層的に解釈し記述していくことを重視して「分厚い記述」という概念を提唱し、それを研究の彼岸とした[27]。しかしこの理論もまた、場の参加者が認識する「現実」自体の多元性に十分注目していながら、調査者個人による「事実」の解釈や記述を前提としている点ではほとんど変わりがない。つまり彼も、調査者の調査営為における特別な位置いわばその特権性を容認して、外部から参入した調査者個人の歴史的社会的に制約された「現実」理解に強い信頼を寄せているのであり、程度の差こそあれ、「よりよい調査者」ならば深い洞察や記述を行えるはずだと想定しているのである。つまりそこには、主知主義的な調査主体をア・プリオリに想定し、その知見を重視しようとする方法観が存在している。

もちろん、前述したような調査営為の特質に注目するならば、「調査者」という立場の特権性も、調査過程のなかで調査者自身によって構築されているものだといえよう。つまり調査者は、いかほど自省的な態度をとるか否かにかかわらず、観察行為を正当化するために「観察している自己」を想定するしかないのであり、モノグラフの記述を通して自己の意図を一義的に伝えようとするならば、こうした自己の確定がいかようであれ必要なのである。

このことは視点を変えていえば，まずもってエスノグラフィーそのものが，他者との関係性を介した研究者の「自己言及」――ときに自己反省――という側面をもたざるをえないことを示している。言いかえれば，それは対話と解釈を通した研究者自身の「自己呈示」を必然的に付随していく調査法であるとみられるのだ。この点から考えれば，特権性を相対視していくある種の作業として，フィールドワーク過程を通した研究者自身の認識変化のプロセスそのものに着目すること――いわば「社会学すること」（Doing Sociology）のスタンス――が1つの重要な方法的課題とならざるをえないのである。

4　新たな調査者のスタンス

さらに方法認識の理論的視点からいうならば，こうした調査者の特権性への懐疑は記述されるモノグラフの記述や理解の仕方についても根本的な再検討を要請することになるだろう。

基本的に調査者は，けっして自分の認識によってのみ「現実」を説明していくのではない。調査者は他者（被調査者）たちの「声」つまり多種多様な認識を聞きとり，記述のなかで誰かに向けてその「声」を「腹話」していくものであり，常にそうした「声」の対話やハーモニーの連鎖のなかにいる[28]。つまり「調査者」の存在は，現実を一次元的に記述するすなわち離接するかぎりテクストのなかからは見えなくなっているだけであって，対話を通して被調査者たちの多くの「声」を受けとめ引用しながら，実際に現場で可変的な発話に参加してそれを記述する存在となるすなわち非―離接するときに，より鮮明に映し出されていくのである。言いかえれば，「調査者」の存在とは，本来非対称的な二元的認識――たとえば中心／周縁など――の関係そのものを媒介するものとして構築されるべきものであって，「記述」という言説によってそうした相対的な関係を表出し続けていくものとして認識される必要があるのだ[29]。

この点に関して，たとえばイギリスの文芸批評家ロッジ（Lodge, D.）は，ロシアの著名な文芸批評家バフチン（Bakhtin, M.）に依拠しながら，物語の作者（作家）とはどのような存在かを論じている[30]。彼によれば，構造主義者バルト（Barthes, R.）のように，テクストはどのような読みにも開かれており作者の単一の意志と一致することがないため，「作者」なるものを想定することは不可能だと結論づけることは正しくないという。むしろ彼の視点に立てば，その不一致

が存在すると考えられ，書かれたものがさまざまな他者の「声」を示すものとして読まれるとき，読み手はその背後にそれを記述した「作者」の存在を想定していかなくてはならなくなり，「作者」は読みのなかで再度登場せざるをえないというのだ。彼は，構造主義的な「作者の死」を経て，関係論的な「作者の復活」がなされたと述べている。

このように相対主義的なそして反個体主義的な調査者（書き手）の位置づけを認識するならば，ストーリーにはめ込まれ一元化されたモノグラフの弊害が改めて自覚できるだろう。

すなわち，エスノグラフィーが前述したロッジのいうような「小説性（novelness）」をおびることによって，参与観察法ならではの，現場に密着したクリティカルな特性すなわち臨床的文化的特性をいかした，構成され続ける現実記述への力動的な理論の引用と批評が可能になるとともに，モノローグではない価値の多様性（両面価値性）を包摂したテクストの構築が可能になっていくともみられるのである。こうした視点は，共生性が求められ価値の相対化が進む現代社会を理解するうえで必要でありながら，従来のエスノグラフィーには欠落していたものであったといえよう。

しかしながら，補足しておけば，それは研究者の「価値中立性」を保証しようとする企てではまったくない。すでに指摘したとおり，こうした研究者の解釈過程が誰の「声」を引用したものであるのかに一層意識的でなければならないと述べているだけなのである。調査者は，場を共有するなかから「何者かの認識」を絶えずとりあげ発話しているのであるから，その背後には絶えざる権力的な葛藤を伴うリアリティ分離が存在している。つまり，調査者は特権的で支配的な言説ばかりでなくその対抗的言説あるいは交渉的言説のいずれにも注目しながら，異種混交した「声」のなかで実際の記述を進めなければならないのである[31]。こうした複線的で錯綜した記述への挑戦こそ，この方法固有のもち味であるといえるのだ。

以上のような諸点を理解するとき，相互に関連し多元化した現実の諸相に研究者として接近していくための方途がいくぶんかみえてくるのではなかろうか。現時点でいえることは，上述したようなエスノグラフィーの社会的構成過程を理解し，その権威性を相対化したうえで——クリフォードはいう「エスノグラフィックな真実は，本来部分的（不完全）なものである[32]」——，研究者の存在が多

様な「声」の集積の結果としてあらわれるような戦略的な記述を構築していくことではなかろうか。

5 多声法的な民族誌の試み

では,その具体的な方法とはどのようなものなのだろうか。

ここでは近年「実験的民族誌」の秀作として紹介された文化人類学者クラパンザーノ(Crapanzano, V.)の著作『精霊と結婚した男』を参照してみることとしよう。この著作は,モロッコの瓦職人トゥハーミのライフヒストリー研究の書であり,調査者の問いと彼の語りが対話的に記述される物語の横糸とモロッコ社会の構造や文化に関する理論的な展開を示唆する縦糸とが交錯するかたちで構成されている。両者は相互に「間テキスト」としての緊張をおびながら,個別的なライフヒストリーのなかにみられるある種の文化的な法則性を照射していく。

クラパンザーノは,著作の冒頭でこの研究のスタンスを次のように述べている。

> 自分自身を民族誌的出会いから抹消することによって,人類学者は出会いの場で働く本質的なダイナミックスを否定し,自分が研究している人々とその生活様式との動きのない絵画を描いてしまうのである。民族誌的テクストの中で凍結されてしまったこの絵画こそ,その民族の「文化」とされるのである。民族誌的出会いというものは,個人同士のあらゆる出会い,もしくはその点では自己反省をする際の自分自身との出会いと同様に,いつであれ,出会った者たちがある一定の現実を黙認するまでに至る複雑な交渉過程である[33]。

ここで彼は,出会いのなかで構成されていく現実を注意深く分析しようと試みている。そして,それが主観主義的人類学の認識の所産でもなく,ましてや真実を知るためのインタビュー戦略の所産でもないことを強調した後で,人類学的調査営為の倫理的政治的含意を理解するうえでのこの研究の重要性——そこには,自己反省的な人類学への志向が強く認められる——を論じている。また,彼はそのライフヒストリーが文化の忠実な写し絵とはならないことに留保したうえで,語られる現実の虚実——ここでいえば,「個人史的な現実」と「自伝的な真実」——を腑分けし,真実を書きとることに専念するのではなく,むしろ虚実を含んだ現実をめぐる語り合いのなかから,被調査者が経験の組織化に用いる慣習的な言葉(イディオム)自体や,彼との関係のなかから調査者(私)自身が使用して

いくことになる言葉自体に一層着目していくことを示唆している。さらに加えて，その場の対話的データ——それ自体が調査営為の「出来事」である——の解釈においても，文化理論を，文芸批評家のテクスト解釈のように，修辞学的に援用することを示唆している。

こうしたスタンスの結果として，この著作では調査者と被調査者との対話自体が随所に呈示されていく。そこでの被調査者の語りは，平板な1人の「声」ではなく，社会との求心力と遠心力との両義性をおびており，一方で単なる死者の「声」のような反復すなわち些細な事柄へのこだわりであるとともに，他方で人生を復活させる試みすなわち誇示や言い逃れなどとして，ダイナミックに共振して聞こえてくるのである。そこには調査者を媒介として個人のなかに渦巻く多様な「声」の論弁性が存在しているのであり，それゆえクリフォードも「対話と多声法の論弁的パラダイム」を代表する研究として，この著作を紹介している（資料4-3参照）。

資料4-3

「あなたはどうしてパシャの息子のところで仕事をするようになったのですか。」
「彼が私の住んでいた地区にきて，遊びまわっていた私を見かけたのです。誰の息子かと尋ねられたので，私は『ファティマの息子だ』と答えました。彼は彼女を呼び出し，私が彼女の息子であるかどうかを尋ねました。すると母は，『違うよ，どうしてそんなことをきくんだね』と答えたのです。彼は，私を自分の下働きに使いたいということ，そして彼女はいつでも私に会いに来ることができるといいました。彼女が夫に聞いてみなければならないと言うと，パシャの息子は，『今すぐこの子を連れて行く。父親は私を訪ねて来い。そこで話し合おう』と言いました。彼は私にアメを三個くれました。結局，母は同意し，『朝方にこの子に会いにいくよ』と言いました。——（略）——
私は彼の個人史におけるこのような断片的資料から彼の描写を始めたが，それというのも，彼の場合のみならず，誰の個人史の場合においてもみられる問題点がここで提起されているからである。私は，彼の人生に関する物語的テクストにこの断片的資料を組み入れることができなかった。かといって，それをなおざりにすることもできなかった。それを組み入れることができないのは，おそらく実際に起きたことではないからである。

もっとも同じくクリフォードは，こうした記述があくまでも擬似的な対話にすぎず，基本的には調査者の再構成による「モノローグ」にほかならないことをも見抜き指摘している。そして本来ならば，被調査者自身によるテクストの記述によって，複数のテクストによる多声性が保証されること，いわば「多声的な物語」が理想であるとも指摘しているのである。言語環境の問題が少ない国内でのエスノグラフィーでは，こうした手法も十分可能性があるだろう。

　ただし，ここまでの論述からもわかるとおり，本来「多声法」とは個人の認識を形成する多様な他者の「声」の相互関係性を理解するものであって，個人がそれぞれに多元的なリアリティを構成しているとする考え方——その代表は「羅生門的手法」であるが——とは基本的に異なっている。ここで彼が求めているのはむしろ他者によって構成されるテクスト間相互の関係性の理解であって，必ずしも個人間のリアリティの差異ではないことにも改めて注意を喚起しておきたい。

　このようにみてくれば，多声法的叙述がどのような記述内容を求めているのかを理解することができるだろう。バフチンは，ドストエフスキーの「多声的小説」の吟味を通して，そのジャンルと対話の性質とが対応していることを示したが，そこでは3つのタイプ——外示的な言葉，対象としての言葉，他者の言葉を指向する言葉——とさらに，最後のタイプについてはその14の下位タイプが存在することを指摘している[34]。そのなかで最も積極的なタイプ（「語り手の言葉によって表現された他者の言葉」），すなわち多声性の度合いの最も高いものとして，「隠された内部の論争」「論争的色彩の自伝」「他者の言表を計算に入れた言表」「対話の応答」「論争的色彩の対話」などをあげているが，こうした分類を参考にすれば，多声法的叙述の具体的なイメージが，ある特定の他者（調査者）に向けて意識的に語られる社会内部の論争的物語であると一層理解されやすくなるだろう。

　そうであるとすれば，「多声法」としての文化の記述に照らしてみるとき，たとえば筆者自身の研究事例にはどのような反省的検討が可能となるのだろうか。

4節　スクール・エスノグラフィーの事例から

1　研究の背景

　最後に，筆者が行った教育困難校でのエスノグラフィーから前述した視点の具

体的な展開について若干の検討を加えてみたい[35]。

　改めて述べるまでもなく，準義務教育化したといわれる高校には，学校間での偏差値にもとづく厳格な序列が存在し，そのランクに対応して入学者の学力やライフスタイルなどにも大きな相違があり，概して異なった生徒文化——いわゆる向学校文化から反学校文化まで——が形成されていると指摘されてきた。とりわけ，その最低位に位置づけられる学校では，中途退学者の増大や非行問題の多発，授業不成立現象など多くの深刻な学校問題が存在し，現在では「教育困難校」という不名誉な名称でよばれるまでになっている。

　しかしながら，このような問題性を抱えながらも，こうした学校の多くが依然として学校組織として存在し続け，毎年多くの「高卒者」を生み出していることも一面の事実なのである。もちろん教師による管理・運営や教育活動上の創意もあろうが，実際参与観察を行ってみると，それ以上に，学校秩序を最低限確保していくことが可能となるメカニズム，すなわち教師―生徒間での対処的な戦略の応酬がみとめられ，困難校ならではの独自な秩序が形成されているとみられた。そこで筆者は，ウッズ（Woods, P.）の用いた「サバイバル・ストラテジー（生き残り戦略）」概念を用いて[36]，こうした秩序維持構造の戦略論的な解釈を行ったのであった。

2　「エピソード」を語り合う

　しかしながら改めてこの研究を回顧してみると，多くの教師たちに幾度となく話され滑らかなストーリーとなったこの学校にまつわるエピソードが，すでにきわめて象徴的な「語り」として蓄積されていたように思われ，しかもそれが，問いを発する調査者（新参教師）の「困難校」への関心をすでに組み込んで発せられていたかのようにも思えるのだ。

　たとえば，次の対話はそうしたことを示す好例であろう。

　　　男性若手教師　「先生は，どこのクラスで授業もってるの。」
　　　筆者　「3年のA・B・E・F に……です。」
　　　男性若手教師　「それはどこも日本史。」
　　　筆者　「ええ（怪訝そうに応える）。」
　　　男性若手教師「それにしてもおかしいな。担当クラスが，職業科ばっかりじゃない。……普通科が飛んでて，農業科と園芸科があるなんて。（だんだん口調が強くなってくる）これじゃ教えるのが大変だよ。ベテランの先生

だって農・園科は苦労してるんだよ。社会科の先生たちがそんなことするわけがないんだがなあ（首をひねる）。……農・園科の生徒は能力がないから。なんせ『二桁（入試5教科の合計が百点未満）』で入学してきているんだからね。……『うまく教えよう』なんて，思わないでやりなよ。」

　ここには，教師たちに共有されているこの学校を理解するためのトピックが散りばめられている。学科ごとの生徒評価，入試成績という指標，ベテラン教師のテクニック，各教科単位の組織構成など。この学校の問題をめぐって繰り返し論じ応答されてきた主題が，その真偽そのものは別にして，教師個人の自省された「声」として発せられていく（「おかしいな……」という問いかけ）。そこには，すでに同僚教師や管理職などとこの学校の教育課題をめぐって交わされてきた「実践共同体の人々の対話」が映し出されているとともに，経験的な現場での営みのなかから自身によって確証され生き残った「ストーリーへの信頼」も認められる（「……やりなよ」という教示）。

　また，こうした会話を通して，そこに参加する人々（教師，生徒）に絶えざる対話的ネゴシエーションの機会が提供されていると理解できるだけでなく，われわれ新参者（調査者）が「困難校」を眺める視線自体がこうした「語り」を誘発していることも改めて理解できる（「二桁で……」という暗示）。いうなれば，われわれもこの学校の重層化した文脈を，「調査」という状況のなかで，「言葉」によって再帰的に確認し合いながら，あるリアリティの構築に参加していくことになっているのだ。

　だがここでも，教師や生徒たちの「声」がこの場で相互に共振しあっていくことを忘れてはなるまい。たとえば，次のような「よき生徒」のエピソードが象徴化できるのは，先にあげた困難校の「ストーリー」の結果だといえよう。

　　生徒　「（筆者が職員室でテストを採点していると）先生，俺のどうだった。」
　　筆者　「うん，百点だったぞ。」
　　生徒　「そうか（というなり，蒼ざめた表情をして）。」「そうか。」と繰り返して走っていった。

　こうみれば，多声化した調査の現場における「問い」は，「解」そのものにいたるというより，新たな問いを生み出し続けるようにみえ——ここでは問題生徒／良き生徒との二元化——，その構造的連鎖のなかに人々も，つまり被調査者も調査者も巻き込まれ続けていくものだといえるのかもしれない。そして，調査過

程のなかで，われわれはこうしたステレオタイプな「教育的物語」の無自覚な了解を越えて，その生成の構造に分けいっていく方法を探し求めていかねばならないだろう。

3 多声法の応用可能性を模索して

現段階では，文学テクストのようなものを除けば，研究ジャンルでエスノグラフィーの参考になる多声法的研究は少ない。だが，こうした認識作用によって，単なる一義的な仮説検証調査ではなく，多元的で両価的な理解を生み出す調査が可能になるかもしれない。そこでは，従来の研究上の命題はなかば宙づりとなり，その二元的価値の相対的関係性自体が現場に密着した用語法（言葉）を介しながら，「知見」として語られることになるのだろう。いずれにせよ，現段階ではまずテクストのなかへの書き手自身の侵入とそれによるテクスト内でのあらたな被調査者との関係性の誘発を試みてみるしかないだろう。

一言で結論づけるならば，エスノグラフィーには，自己の理解と対峙し開かれた「読み」を生み出すこうした「方法的実践」としての意義があることを再度強調しておかねばならないのだ。

注
1) マリノフスキー，B. 寺田和夫・増田義郎訳「西太平洋の遠洋航海者」『世界の名著59 マリノフスキー・レヴィ＝ストロース』中央公論社，1922/1967．
2) Coffey, A. & Atkinson, P. *Making Sense of Qualitative Data.* Sage, 1996.
3) ルイス，O. 高山智博訳『貧困の文化——メキシコの〈五つの家族〉』思索社，1959/1985．
4) 古賀正義「授業はどのようにして成立するのか——参与観察データの民族誌的再構成の試み」『伊藤忠記念財団調査研究報告書8』1983．
5) 古賀正義「授業の社会的構成に関する実証的分析」『筑波大学教育学系論集』第8巻1号，1983．
6) Clifford, J. & Marcus, G.(eds.) Writing Culture: The Poietics and Politics of Ethnography. University of California Press, 1986. (クリフォード，J. ほか編 春日直樹ほか訳『文化を書く』紀伊國屋書店，1996．)
7) 榊 敦子『行為としての小説——ナラトロジーを越えて』新曜社，1996．
8) 岩永雅也ほか『社会調査の基礎』放送大学教育振興会，1996．
9) プラマー，K. 原田勝弘ほか監訳『生活記録の社会学——方法としての生活史研究案内』光生館，1983/1991．
10) 須藤健一編『フィールドワークを歩く——文科系研究者の知識と経験』嵯峨野書院，1996．
11) たとえば，稲垣恭子「『教師—生徒』の相互行為と教室秩序の構成」『教育社会

学研究』第45集，東洋館出版社，1989．など。
12) たとえば，志水宏吉『よみがえれ公立中学——尼崎市立「南」中学校のエスノグラフィー』有信堂，1991．など。
13) たとえば，清矢良崇『人間形成のエスノメソドロジー』東洋館出版社，1994．など。
14) たとえば，恒吉僚子『人間形成の日米比較』中央公論社，1992．など。
15) 宮台真司『制服少女たちの選択』講談社，1994．
16) たとえば，佐藤郁哉『フィールドワーク——書を持って街へ出よう』新曜社，1992．鵜飼正樹「これは『社会調査』ではない」仲村祥一編『現代的自己の社会学』世界思想社，1991など。
17) 朝倉景樹『登校拒否のエスノグラフィー』彩流社，1995．p.26からの引用。
18) 関本照夫「フィールドワークの認識論」伊藤幹治ほか編『文化人類学へのアプローチ』ミネルヴァ書房，1988．
19) 吉原直樹「シカゴソシオロジー再考のために」『社会史研究』11号，いなほ書房，1989．
20) Hammersley, M. & Atkinson, P. *Ethnography : Principles in Practice*. R.K.P., 1983.
21) グレーザー，B．ほか　後藤　隆ほか訳『データ対話型理論の発見』新曜社，1967/1996．
22) Becker, H.S. "Problem of Inference and Proof in Particepant Observation." *American Sociological Review,* Vol. 23, 1958.
23) Clifford, J. *et al*., op.cit.
24) 桜井　厚・中野　卓編『ライフヒストリーの社会学』弘文堂，1995．p.228からの引用。
25) デンジン，N．片桐雅隆ほか訳『エピファニーの社会学』マグロウヒル，1989/1992．
26) バーガー，P．・ケルナー，H．森下伸也訳『社会学再考——方法としての解釈』新曜社，1981/1987．
27) ギアツ，C．吉田禎吾ほか訳『文化の解釈学Ⅰ』岩波現代選書，1973/1987．
28) ホルクウィスト，M．伊藤　誓訳『ダイアローグの思想』法政大学出版局，1990/1994．
29) クリステヴァ，J．谷口　勇訳『テクストとしての小説』国文社，1970/1985．
30) ロッジ，D．伊藤　誓訳『バフチン以降——〈ポリフォニー〉としての小説』法政大学出版局，1990/1992．
31) ワーチ，V．田島信元ほか訳『心の声』福村出版，1991/1995．
32) Clifford, J. *et al*., op.cit.
33) クラパンザーノ，V．大塚和夫ほか訳『精霊と結婚した男』紀伊國屋書店，1980/1991．p.10からの引用
34) バフチン，M．望月哲男ほか訳『ドストエフスキーの詩学』筑摩書房（ちくま学芸文庫），1963/1995．
35) 古賀正義「非進学校教師の教育行為」門脇厚司ほか編『高校教育の社会学』東信堂，1992．
36) Woods, P. *The Divided School*. R.K.P., 1979.

（古賀正義）

5章　ドキュメント分析と構築主義研究
―― 「いじめ」問題に関するドキュメントデータを素材として

1節　はじめに

I 「いじめ自殺」の問いかけていること――「事実」と「規範的言説」

　「いじめ問題」をテーマとして研究しようとするとき，どのような研究スタイルや研究内容を想像するだろうか。たとえば，質問紙調査を駆使して今のいじめの「実態」や「原因」を解明し，いじめを根絶するための「対策」を考えるという研究スタイルを思い浮かべるだろうか。そもそも，ある状態を「問題である」とする判断は，その状態について何らかの「解決」が必要であるという認識と表裏の関係であることからすれば，こうした連想はむしろ自然かもしれない。しかし，「社会問題」や「教育問題」をテーマとする研究には，それとはまったく別の研究スタイルや問いの立て方が存在する。

　たとえば，「いじめ」や「登校拒否（不登校）」や「公害」といった「問題」が，どのようにして「問題」として社会のなかで認識されどのような対策が講じられてきたのか，その過程を解明しようとする研究や，「いじめ」という「問題」がどのように語られてきたかという「語られ方」の分析を試みる研究などである。そして本章は，そうした問いの延長線上にあり，「いじめ問題」の「語られ方」の分析を通して，錯綜する現代の「いじめ問題」からの脱出の方向を模索することを意図している。具体的にいうなら，現代の「いじめ自殺」の語られ方に，次に述べるような顕著な特徴がみられるのではないかというのが，本章の初発の動機である。

　現代の「いじめ問題」の大きな特徴は，大河内清輝君や伊藤準君の「いじめ自殺」，そして「態度のいじめ」を動機とした遺書を残して自殺をした女子高校生（1996年1月13日，朝日新聞，朝刊・夕刊）のように，「いじめ苦」を動機とした遺書を書いて自殺をする少年少女が後を絶たないことにある。そして，これらの「いじめ自殺」という社会現象において注目すべきことは（もちろん新聞報道や

ルポルタージュなどで知るかぎりにおいてであるが），彼（彼女）らが「いじめられていた」ということ，そしてそのことで「苦しんでいた」ということを，彼（彼女）の生前に，周囲の人間は誰も気づいていなかったという「事実」がしばしば指摘されることである。しかも注目すべきは，こうした「事実」は，「気づくべきだった」し「気づいたはずである」といった規範的言説が支配するなかで語られることがほとんどであり，そうであるがゆえに，しばしば教師の力量不足や学校の指導体制や事件への対応のまずさなどが批判され，無関心や傍観者であった現代の子どもたちのありように懸念が表明されることになる。そして一方，自殺で子どもを失った親たちは，わが子の苦しみに気づいてやれなかったことで後悔と自責の念に襲われることになる。

　しかしながら，そうした規範的言説で語ることとは別に，「いじめ自殺」という社会現象がわれわれに示していることは，誰かが「いじめられている」ことや「苦しんでいる」ことに，「親」「兄弟姉妹」「教師」「友人」など，その本人にとって最も重要な他者と思われる人たちでさえしばしば気づかないことがあるという，端的かつ重い「事実」の存在なのである。この「事実」をどのようにとらえることができるのか。これはわれわれの社会的相互行為の基本的な理解にかかわる問いであり，そこを明確にしなければ，「気づかないことがある」という「事実」と，「気づくべきだ」という規範的言説との距離は永遠に埋まらないのではないか。少なくとも，その「事実」の解明を避けて規範的言説の世界のみでこの「事実」についての価値判断をしてしまうのでは，われわれは「いじめ自殺」が示しているこの重い「事実」から何も学べないおそれがある。というよりむしろ，「事実」についての規範的語り（価値判断）そのものが，「事実」がわれわれに指し示そうとしている「意味」を隠蔽する働きをしているのではないかという問題設定も可能だろう。

　それゆえ本章では，「実態の解明」という名において，そして「他者の痛みに気づくべきでありいじめは根絶すべきである」という規範的言説のもとで，「いじめ問題」について何がどのように語られてきているのか，そこを明らかにしたいということなのである。このような問題意識から，「新聞」「教育ジャーナリズム」「自殺者の遺書」「実証主義的研究」などなど，「いじめ問題」について語られたあらゆるテクストを，ここでの研究課題にとってのドキュメントデータとして位置づけ，「いじめ」の，そして「いじめ問題」の語られ方の分析を試みよう

とするものである。

2 「問い」と研究方法

さて以上のような問題意識を背景としつつ，ここではきわめて素朴な問いを立ててみたい。それはつまり，われわれはそこに「いじめがある」，あるいは誰かが「いじめられている」ということを，いかにして知りうるのかという問いである。端的に想像してみよう。今ここで数人の中学生がとっくみあいをしているとしよう。彼らは，じゃれあって遊んでいるのだろうか。それとも，ごっこ遊びを装いつつ，誰か特定の1人を残りの数人で「いじめている」のだろうか。それを外部から見ているだけで，ただちにそして正確に判断できるだろうか。あるいは，元気そうに見えるA君や，反対に元気のなさそうに見えるBさんが，いま，クラスでいじめにあっているかどうか，担任教師なら，そして親なら，あるいはクラスの同級生なら気づくはずだといえるだろうか。

こうした素朴な問いに解答を与えていくためには，どのような研究の仕方があるだろうか。「いじめ問題」にかぎらず，一般に「教育問題・社会問題」とされる現象を取り扱うときの基本的な問いは，「なぜそうした現象が発生するのか」「どうすればそれをなくすことができるのか」というものだろう。つまり，原因を究明し対策を講ずる，ということが基本的な研究動機となっているといってもよい。そのために，研究者が「問題」を特定し概念を定義し，そうした「問題」を発生させる原因を想定し，原因と問題（結果）との論理的関係を仮説として提示し，その調査検証を行う，という流れをたどるのがいわゆる実証主義的研究の基本的な研究スタイルとなる。

しかしそうした研究スタイルでは，ここに掲げた問いに答えることは基本的に不可能である。なぜなら，「なぜいじめは発生するのか」（いじめの原因論）といった問いが可能であるためには，そこに「いじめがある（あった）」という認識が前提になっていなければならないが（いじめの実体視），本章の問いは，実証主義的研究が前提としている「いじめの存在」を，われわれはいかにして知ることができるのかという問いであり，いわば「前提」それ自体の問い直しだからである。そこで，こうした問題意識に適切にこたえていくために，本章では構築主義的な研究スタイルを採用していくことにするが，次節ではまず，構築主義の基本的な概説をし，それを受けて，どのような意味で構築主義的な研究スタイルを

採用するのかについて述べていくことにしよう。

2節　研究方法としての構築主義

1　構築主義的アプローチとは何か
a　構築主義の「社会問題」定義の特徴

スペクターとキツセ（Spector, M. & Kitsuse, J.）は，社会問題を次のように定義することで，構築主義（constructionism）という新たな理論的立場を表明した。

> 我々は，社会問題を定義するにあたって，社会のメンバーが，ある想定された状態を社会問題と定義する過程に焦点を合わせる。したがって，社会問題は，なんらかの想定された状態について苦情を述べ，クレイムを申し立てる個人やグループの活動であると定義される。ある状態を根絶し，改善し，あるいはそれ以外のかたちで改変する必要があると主張する活動の組織化が，社会問題の発生を条件づける。社会問題の理論の中心課題は，クレイム申し立て活動とそれに反応する活動の発生や性質，持続について説明することである。そのような理論は，改良的な処置や物質的な報酬，社会的，政治的，法的，または経済的に不利な境遇の緩和を他者に要求する，あらゆるグループの活動に当てはまるものでなければならない[1]。

「社会問題は，なんらかの想定された状態について苦情を述べ，クレイムを申し立てる個人やグループの活動である」という構築主義に特有の「社会問題」定義の最大の特徴は，「社会問題」というのは社会のメンバーによる定義活動の産物である，という端的な言い切り方にある。実体論が，「社会問題」とは，まさに「問題になる状態が存在するから問題になる」という認識論的立場をとるのに対し，構築主義は，「問題である」という定義が問題を"つくり出す"という認識論的立場をとる。つまり，「貧困」というのは客観的に存在する状態であるという立場と，ある「状態」を「貧困」と定義するから「貧困」として認識されるようになるという立場の相違であり，それゆえ構築主義からすれば，定義"以前"の，あるいは定義を"こえた"「客観的状態」を想定することは論理的矛盾でもある。

b 構築主義の研究課題

スペクターとキツセも「社会問題の理論の中心課題は、クレイム申し立て活動とそれに反応する活動の発生や性質、持続について説明することである」と述べているように、社会のメンバーが「社会問題である」と定義した具体的事例について、その社会問題化の構築過程を解明するのが構築主義の典型的な研究課題であり、すでに日本でもいくつかの具体的な研究がなされている[2]。ただし本章においては、方法としては構築主義に依拠するものの、研究課題は「いじめ問題」の構築「過程」の解明ではなく、「いじめ問題」の「語られ方」の分析であるということをすでに述べておいた。では方法として構築主義に依拠するとはどういうことか、それを次に明らかにしなければならない。

2 方法としての構築主義

a 研究対象とその観察可能性——「主観的」定義は「客観的」に観察可能である

まずは、構築主義研究にとってのデータの性格についてであるが、「社会問題」をメンバーによる定義の産物とするなら、「メンバーによる定義活動」をデータとしておさえなければならない。この問題について、やはりスペクターとキツセは次のように論じているのでまずは紹介しよう。

> 主観的アプローチは、成員によって状態がいかに定義されるのかとはまったく無関係に「実際の状態」の決定因を求めようとする客観的アプローチとは対照的なものである。主観的アプローチと客観的アプローチという区分法では、主観的なものは、はかないものとされたり、社会学者がうまく研究できない曖昧な心の状態に等しいとされる。しかし、事実はその逆で、社会問題の定義が構築される過程は、社会科学者の関心を集めているあらゆる現象と同じく、社会調査の技法を用いて観察可能である[3]。

「定義活動」そして「定義の構築過程」は観察可能である。実に明快な語り口であるが、ではいかにして観察可能であるというのか。この点についてスペクターとキツセは、「同性愛」に対する社会的評価や認識のされ方を知るための1つの手がかり（データ）として、国会図書館における「同性愛」というカテゴリーの分類のされ方を紹介している。つまり1960年代までは、「同性愛」は「異常性関係（性犯罪を含む）」という分類カテゴリーのなかに含められており、こうした"データ"から、「同性愛」に対する社会定義のありようが観察可能となると

5章　ドキュメント分析と構築主義研究　99

いうわけである[4]）。

　さてそれを受けて「いじめ問題」で具体的に示しておこう。たとえば，文部大臣の名で「かけがえのない子どもの命を守るために」と題した「いじめ問題」についての緊急アピールが，1996年1月30日付で発表されているが，これなどが文部省の「いじめ問題」についての認識を示すデータの一例といえる。つまり，そのときどきの文部省通知や各種の対策会議報告といった文書は，その時代に文部省は何を問題としてとらえ，その問題をどのように認識していたかを示すドキュメントデータとして貴重なのである。あるいは，いつ頃から「いじめ」が社会問題になってきたかを知りたいなら，たとえば「新聞」や「青少年白書」などで，「いじめ」というカテゴリーがいつ頃から登場してきたかを調べてみればよい。近年，各新聞とも全記事のCD-ROM化が進行中であり，たとえば「いじめ」というキーワードで検索することにより，「いじめ」という言葉がいつ頃から使用され始めたかがわかるし，同時に各紙による「問題視」の時期のズレなども観察できるだろう。また「青少年白書」を直接調べることで，「いじめ」というカテゴリーによってその「発生件数」をカウントし始めた年代を容易に確定できるはずである。「校内暴力」や「登校拒否（不登校）」についてもいえることであるが，白書類に新しいカテゴリーが登場するということは，そのカテゴリーの問題性が"公に"認知されたことを示すデータとして貴重なのである。このようにしてわれわれは，「社会問題」の構築過程（どのように「問題」として成長し語られてきたか）をデータによって観察することができるわけである。

　b　研究対象に対する「態度」——対象の「状態性」についての判断留保

　さてこのようにして，社会のメンバーの定義活動をデータとして把握することが可能となるが，次に問題となるのは，こうして得られたデータをどのように扱っていくのか，そして研究対象に対してどのような対応をしていくのかということになる。やはりスペクターとキツセはこの問題についても重要な指摘をしているので引用しておこう。

　　　　我々は，状態の理論ではなく，クレイム申し立て活動の理論を築き上げることに関心があるのだ。したがって，我々にとっての客観的状態の意義は，その状態について主張がなされているという点にあるのであって，たとえば科学者の場合のように，ある独自の見地から，その主張についての妥当性を判断することにあるのではない。状態の考察への後もどりを防ぐために，状

態そのものの存在さえも，社会問題の分析にとっては関わりのない，外的なものであると考えたい。想定された状態が存在するかどうかについては，関知しない。想定された状態が完全なでっちあげ——嘘——であったとしても，その申し立てを受けた人びとが自ら分析を開始し，それがでっちあげであるということを発見しないかぎり，その状態の真偽について，我々は非決定の立場を取りつづける[5]。

　構築主義に特有の研究対象に対する「態度」の特徴は，「社会問題とされている状態」の"状態性"については判断を控える，というものである。たとえば，「いじめ」が「増加しているかどうか」や「陰湿であるか否か」といった"状態性"についての判断を控えるということ，さらにはそこから論理的に導かれることであるが，メンバーによる「状態性」についての判断（定義活動）の正誤・真偽についての判断も控えるということ，この二重の意味での「判断留保」という研究態度が，構築主義やエスノメソドロジー研究の最大の特徴でもある。それゆえ，構築主義的研究のなかには，「いじめ」の「原因解明」といった因果論的思考はそもそも存在しないということになる。このことははっきりと認識しておく必要がある。

3　社会をみる枠組みとしての理論

　ここまでの議論の流れを整理しておこう。まず問いを提示し，その問いに答えていくためになぜ構築主義なのかという，その根拠を述べてきたことになるが，実際の思考のプロセスも同じような流れをたどっているかというと必ずしもそうとはいえない。なぜなら，現在の「いじめ問題」をめぐる議論の動向に疑問を感じ（規範的言説が支配するなかで「事実」のもつ意味が隠蔽されていく），それゆえ素朴な問いを思いつき，その問いの解明にふさわしい研究方法や理論的立場をさがし当てたということではないからである。むしろ思考の順序は逆で，あらかじめ社会問題についての構築主義的アプローチに理解と共感をもっていて（なぜ共感するかは各研究者の資質としかいいようがない），そうした理論的立場から現在の「いじめ問題」論議に接するときに，さまざまな疑問がわいてきたということのほうが正しいからである。このことは，論文の書き方としてはともかく，思考のプロセスとしてはむしろ一般化できるだろう。つまり，われわれはある対象を観察するといっても，すでに「観察する」という行為自体が，ある枠組みを

必然的に前提しているということである。ここで枠組みとは，とりあえず誰にとっても利用可能な「常識的知識」を指すこともあるが，研究者にとってはそれぞれがよって立つ「理論的立場」というものが，研究対象を観察する際の枠組みとして機能する。

　以上，少々寄り道をしてしまったが，「問い」はどこからやってくるのかという問いへのひとつの解答のつもりである。さて，では，現在の「いじめ問題」をめぐる語り方にどのような特徴があるのか，人々は「いじめ」をどのようにとらえているのか，といった問題について，ドキュメントデータによりながら明らかにしていくことにしよう。

3節　「いじめ問題」言説の特徴

　「いじめ問題」言説はすでに途方もなく膨大な量が産出されており，そのすべてを視野に入れたうえで論ずることは事実上不可能であり，ここではそうした限界を十分自覚したうえで，2つの特徴にしぼって論じていくことにしたい。いうまでもなく，ここで提起される2つの特徴も，あくまで仮説的な性格のものであり，ここではそうした仮説を設定するにいたる理論的な問題関心と，その仮説のドキュメントデータによる検証の一端を紹介しようとするものである。ただし，仮説検証とはいっても，実証主義的研究の場合とはだいぶ様相を異にする。すでに述べたことでもあるが，実証主義的研究においては，研究対象について，その概念的定義と実際の調査のための操作的定義を与えることが研究の第一歩となるのに対し，構築主義研究においては，研究対象についての定義を研究者がすることは論理的にありえないということである。そうではなく，たとえば「いじめ」という言葉（カテゴリー）を社会のメンバーがどのように定義し，実際に使用しているのか，そこにどのような特徴を読みとることができるか，それを明らかにすることがまずもっての課題なのである。

1　他者の「苦痛」の理解可能性について——「いじめ」定義の特徴から

　近年，「いじめ」が社会問題として注目を集めることで，「いじめ」定義も多様化してきているが，今最も流通しているのは，森田洋司・清永賢二の「いじめとは，同一集団内の相互作用過程において優位にたつ一方が，意識的に，あるいは

集合的に，他方にたいして精神的・身体的苦痛をあたえることである」[6] という定義であるだろう。たとえば，1993年1月に山形県新庄市立明倫中学校で発生した通称「マット死事件」においても，県警の事情聴取の際，明倫中の教員の多くが「『いじめ』というのは，1人の生徒に対し，個人または数人の生徒が，本人のいやがることを断続的もしくは継続的に行い，精神的・肉体的な苦痛を与えること，と考えています」[7] と供述したと伝えられている。さらに竹川郁雄も，森田・清永の定義を踏襲するなかで，「いじめとは，学級集団内の相互作用過程の中で，腕力や資源動員能力において，その時の状況から相対的に優位に立つ一方が劣位の者に対して，通常目的と手段の間に正当的根拠がないか，あっても過度に及ぶ手段によって，精神的ないしは身体的な苦痛を与える攻撃的行為である」[8] と定義している。それぞれに微妙な相違はあるものの，これらの定義に共通する特徴として，いじめられる側の「苦痛」に言及している点をまずは指摘できるだろう。そしてこのように「いじめ」を定義するならば，では他者の「苦痛」の存在をいかに知りうるかという，かなり厄介な問題に答えていかなければならないことになる。そして，この問題についてのひとつの典型的な理解の仕方，つまり常識的理解の仕方を，佐藤綾子の次のような語り方のなかにみてとることができる。

現場の先生方は，生徒の表現行動の観察に怠慢で，逃げ腰だ。「言葉で相談してくれない限り我々は対処できません」とヌケヌケと言う。冗談ではない。私の実験データでは，感情表出における言葉の役割は3割。残りの7割は顔の表情や身体表現などの非言語だ。だから，言葉で言わなくとも，気持ちは顔中，体中に噴出する。心配ごとがあれば背筋は丸くなり，歩幅は小さくなる。うそをつく時のアイコンタクトは弱くなり，不安は手の指の小刻みな組み替えにも表れる。生徒の顔を読み，1日密着行動しても身体の動きを追う真摯な先生がなぜいない？（佐藤綾子『朝日新聞』1995年2月18日夕刊）

他者の「苦痛」は，本人が言葉で語らずとも，表情や態度といった見える行為を手がかりとして理解可能であり，もし理解できないというなら，それは教師の「怠慢」であるという，かなり強固な信念の表明がなされている。いうまでもなくこうした信念が受け入れられるとすれば，「いじめ苦」を動機とした子どもの自殺を食い止められなかった周囲の人間，それは教師のみならず親もまた，子ど

もの「苦痛」に気づかなかったことは非難に値することになる。佐藤の意図がどこにあるかにかかわらず，こうした規範的言説が社会に流通していくとすれば，教師ばかりか親もまた，かなりの圧力を受け続けることになることは否定しようがない。

たしかに佐藤のいうように，われわれは日常的に，他者の表情や態度といった見える行為を手がかりとして，他者の「苦痛＝内面」を解釈しているということはまぎれもない事実であるだろう。しかし，他者の内面が「解釈可能である」ということは，他者の内面について，その他者が感じていることを言い当てることができるということをなんら保証するものではない（「解釈可能」≠「一致可能」）。それはどういうことか，それがここでの第一の問題提起である。

2　「いじめ集団の4層構造」モデルの特徴──「認識の一致」という前提

先に簡単に紹介した「明倫中マット死事件」は，少年事件としては異例の経過をたどってきているが，この事件の最大の特徴は，最初に提示された「いじめ事件」という枠組みがぐらつき，結局「何が起きたのか」という「事実」をめぐって，さまざまな「事実」が並立した状態にあることである（そして現在，事実認定をめぐって民事裁判が進行中である）。当初は，警察側の発表にもとづいて「いじめ事件」という枠組みが提示され，新聞をはじめとしたマスコミもその枠組みを補強，確認するためのエピソード収集に乗り出し，容疑者とされた7人の少年が逮捕，補導されることで，警察側，マスコミ，明倫中教員，県・市教育委員会，一般市民（新聞のインタビューへの回答や投書など）など，すべてのメンバーがこの「いじめ」という言葉を磁場とした典型的な物語の構築過程に参加していく[9]。たとえば次のような新聞記事がある。

> 同市の荒井欣一教育長は「校長や学年主任，生徒指導主任，担任の教師に，生徒の行動に対する認識の甘さ，判断のずれがあったと聞いている。単なる悪ふざけなのか，いじめなのかを教師が見抜けたのかどうか。<u>それを見抜くのがプロの教育者だ</u>が，生徒の行動に対する認識にずれがあったといわざるを得ない。極めて残念です」と話した（朝日新聞山形地方版，1993年1月19日，下線は引用者）。

> この事件で浮かびあがったことのひとつが，人の痛みを理解しない，あるいは理解しても無関心な生徒らの存在だ。……残念なのは，<u>いじめを見てい</u>

<u>た生徒がたくさんいたのに</u>なぜ止めたり，学校や親に相談をもちかけることができなかったのかということだ。……有平君に対するいじめが日常化し，見慣れた光景になることがやがて『死』を呼んだのだ。(朝日新聞山形地方版，1993年1月25日，下線は引用者)

ここには，学校側の「いじめ」認識の甘さと，生徒側の「いじめ」に対する無関心という，どちらも「いじめ問題」という枠組みが共有されるときに繰り返されてきている典型的な言説が披露されている(「いじめ問題」についての「物語の共有」)。しかし本章では，こうした言説とははっきりと縁を切ることで次のような問題を提起しよう。

事件が起きたとされる時間の前後，体育館には数十人という生徒がいたことは事実であろう(それは体育館にいた生徒や教師の証言からも明らかである)。ただここでの問題は，生徒たちが見ていたのは「いじめ」なのだろうか，ということである。より一般化していうなら，われわれには(教師も含めて)「いじめ」そのものを見ることができるのだろうか。つまり，ある相互行為過程を，われわれはそれが「いじめ」であると一致して言い当てることができるのだろうかという問題である。

結論から先に言おう。それは《できない！》と。そのことを明らかにしていくのが本章の課題であるが，ではなぜ紹介したような「物語の共有」はしばしば可能なのだろうか。その点についてここでは次の2点を指摘しておくことにしよう。1つは，こうした「語り」は，事件が起きた後にはじめて開始されるという素朴な事実を失念し，すでに起きてしまった事件を「起点」とし過去に遡り，過去の出来事を「事件」という枠組みを通して解釈するという，事後的解釈の陥穽(かんせい)に陥っているということである。そしてもう1点は，こうした物語を可能とする前提がしばしば，無自覚かつ暗黙のうちに挿入されていることである。つまり，その場にいるなら，誰でもそこに「いじめ」があることを一致して言い当てることができるはずだという，〈私のリアリティと他者のリアリティとの一致＝認識の一致〉という前提の挿入である。

この「認識の一致」という前提はいたるところに張りめぐらされており，たとえば森田・清永の「いじめ集団の4層構造」モデルを支えているのも，この前提であることは疑いようがない[10]。なぜなら，「加害者」「被害者」「観衆」「傍観者」といういじめ状況にかかわっている子どもたちの4類型は，そこで行われて

いる相互行為が「いじめである」ことを全員が知っている，ということを前提としたうえでの，それぞれの子どもたちの，その状況へのかかわり方，態度のとり方の類型だからである。

3　「発見」の道具としての理論

さてここで，検証すべき重大な問題がひとつ提起されたことになる。つまり，〈社会的相互行為において「認識の一致」という前提はいかなる位置を占めるのか〉という問いである。しかし先を急ぐ前に確認しておくべきことがある。それはつまり，ここで紹介したような新聞記事や「いじめ集団の4層構造」モデルに出会ったときに，それらの言説の前提にある「認識の一致」という問題になぜ着目するのか，そのこだわりはどこからやってくるのかということについて述べておく必要があるだろうということである。

われわれは，同じデータに出会ったとしても，そこから同じ「意味」を読みとるとはかぎらない。研究関心や理論的枠組みの違いがデータの読み方を大きく規定するということ，それはたしかにひとつの限界であるが，同時にある枠組みを採用するということは，そうしなければみえてこない，新たな「事実」や「意味」の発見をもたらす可能性を示すものでもある。ではなぜ本章において筆者は，他者の「苦痛」は理解可能であるという言説にこだわり，さらには「認識の一致」という問題にこだわるのかということになるが，それはつまり，シュッツ（Schutz, A.）やガーフィンケル（Garfinkel, H.）の社会的相互行為についての理論的立場に依拠してデータをみているからということになる。

それゆえ次節では，〈他者の内面が「解釈可能である」ということは他者の内面を「正確に言い当てる」ことを保証するものではない〉ということ，さらには〈社会的相互行為の進行にとって「認識の一致」という前提は必要条件ではない〉ということ，この2つの仮説命題について，まずは理論的なレベルでの考え方を紹介することにしよう。

4節　社会的相互行為の特徴

1　シュッツの「視界の相互性」論

シュッツは，日常生活のなかで常識的な思考にもとづいて実践しているわれわ

れの相互行為について,「しかしまた私は(ここで私とは,研究者としてのシュッツではなく,日常生活者としての一般的な私を意味している:引用者注),『同一の』対象といえども,私からみる場合と誰か他の人からみる場合とでは,厳密にいえば異なった何ものかを意味しているに違いないということも知っており,しかもそのことを自明視している」[11]と述べたうえで,そうした個人間の視界の相違は,常識的な思考においては,次の2つの理念化によって乗り越えられるとする。つまりシュッツは,「立場が違えば見方は違う」という経験的事実を認めたうえで,なおかつ常識的思考においては,そうした相違に頓着せず相互行為を可能とする"ある一致"の成立が前提とされていると語るわけである。少々長くなるが引用しておこう。

(1) 立場の相互交換性の理念化

彼の「ここ」が私の「ここ」になるように彼と立場を交換するならば,私は諸々のことがらに対して,彼が実際にそうであるのと同一の距離に立ち,また彼が実際にそうしているのと同一の類型性によって,それらのことがらをみるようになるであろうということ,そしてその場合さらに,彼の到達可能な範囲の内に実際に存在しているのと同一のことがらが,私の到達可能な範囲の内に存在するようになるであろうということ,以上のことを私は自明視している——そしてまた私は,その彼も同じことを自明視していると<u>想定している</u>(その逆のこともまた成り立つ)。

(2) 関連性の体系の相応性の理念化

私と彼のそれぞれ独自な生活史的状況に起源を有する視界の相違は,お互いの当面の目的にとっては関連がないということ,また私と彼,つまり「我々」は,実際に共通な,あるいは潜在的に共通な対象とその特徴を,同一の様式で,または少なくとも「経験的に同一の」様式で,すなわちあらゆる実践上の目的にとって十分に同一といえる様式で選定し解釈していると,両者ともが<u>想定している</u>ということ,以上のことを私は,反証が挙げられるまでは自明視している——そしてまた私は,その彼もまた同様に同じことを自明視していると<u>想定している</u>(下線は引用者)。

立場の相互交換可能性と関連性の体系の相応性という2つの理念化——それら両者は相俟って,相互視界の一般定立を構成する——は,明らかに思惟の諸対象を類型化する構成概念であり,しかもそうした構成概念は,私の私

的な経験の思惟対象と他の人々の私的な経験の思惟対象とを乗り越えるものである。私によって自明視されている世界の局面は，あなた，すなわち私にとっての個人的な他者によってもまた自明視されているということ，さらには「我々」によっても自明視されているということ，こういったことが，常識的な思考のそれら2つの理念化という構成概念の働きによって想定されるのである[12]。

ここで「類型化による私的な経験の乗り越え」とは，言いかえるならば，社会化された知識を共有することで，私的な経験（個人間の視界の相違，つまり他者の内面）を不問に付すという営みとして理解できる。われわれは，日常的な相互行為において，他者がいかなる動機・意図のもとである行為を提示するかをいちいち尋ねたりはしない。類型化可能な行為には類型化された動機を想定できるし，そうであるかぎり相互行為は進行していく。類型とは社会化された知識であるから，そのレベルで知識を共有することは可能であり，他者の行為を類型として取り込みながら自らの私的な経験を編み上げているということになる。つまり，相互行為にとって必要な条件は，お互い同一の様式で解釈しているであろうといった「想定」が両者にとって可能であることなのであって，事実として「認識の一致」が成立しているかどうかは問われないということである（あえて下線で強調しておいたが，シュッツの定式化の要点は，この「想定している」という表現にあるということである）。

2　「認識の一致」から「方法の一致」へ——ドキュメント的解釈法

ところでシュッツは，「関連性の体系の相応性の理念化」において「反証が挙げられるまでは自明視している」と述べているが，ここで「反証」とは具体的にどういう事態を想定しているのかは必ずしも明らかではない。むしろこの問題については，日常的解釈行為についてのガーフィンケルの実験が有名である。実験の詳細についての紹介は控えるが，簡単にいうなら，他者（被験者）の予測をあえて裏切るような反応を（実験者が）し続けたとき，他者はその予想外の反応をいかに解釈し，それに続く自分の行為の仕方をどのように組織していくものなのかということを記述するための実験であったといえるだろう。その実験結果を受けてガーフィンケルは，日常的な解釈行為の際に使用しているわれわれの「方法」を「ドキュメント的解釈法 (documentary method of interpretation)」と

命名し[13]，次のように定式化している。

　　この方法は，実際の外貌を，想定された深層的原型の「ドキュメント」として，またその「表示」として，「事例」として，取り扱うことからなる。個々の事例的な事実から原型が導かれるばかりではなく，一方代わって，深層的原型について「知られていること」に基づいて，個々の事例的な事実は解釈される。つまりそれぞれが互いに他の敷衍・詳述のために用いられているのである[14]。

　シュッツの「視界の相互性論」によれば，社会的行為は，その行為に対する他者の反応についての予測を取り込んだうえで，他者に対してなされるものであるが，ガーフィンケルの実験が示していることは，他者の反応についてのわれわれの予測は，実際の他者の行為によって裏切られる可能性を絶えずはらんでいるということ，にもかかわらず他者の行為についての解釈は，原理的に常に「可能である」ということである。彼のユニークさは，私的経験の相違を乗り越えつつ私的経験を組織化していく際にわれわれが用いている解釈の「方法」を定式化したことにあるが，「認識の一致」という問題にとってこれは重要な知見である。なぜなら，この実験によって明らかにされたことは，社会的相互行為の進行にとって必要な条件は，他者の行為の背後に想定される意図についての正しい理解ではなく，意図についての想定・理解が可能であるということ，「正しい」かどうかではなく理解という行為が「可能である」ということそれ自体，といえるからである。つまり，経験の仕方が一致しているかどうかは当面の相互行為にとっては無関係だということであり，われわれは，経験の共有という問題を棚上げにして，知識や物語を共有することで相互行為場面に参加しているということになる。ここで「経験」とは，私的経験のことであり，「他者の内面」と言いかえてもよい。

　われわれが日常的にしている推論や解釈の方法がこのようなものであるとするなら，「いじめ」について何らかの定義をしそれを共有したとしても，そのことは，ある具体的な相互行為についてそれを「いじめ」とする解釈の一致を何ら保証するものではないということになる。解釈の一致は，われわれが同時的に解釈を差し出すという実践において「偶然」として達成される可能性がないわけではないが，それは結果的な一致であって「偶然」という契機を乗り越えることはできないし，そもそも同時的な解釈の差し出しといった確認の作業は日常的にはなされない。

5章 ドキュメント分析と構築主義研究

さてこうしてわれわれは,「認識の一致」という前提には根拠がないということについての理論的な定式化を手に入れたことになる。ではそれは,どのようなデータによって検証できるのかということになるが,ここでの問題関心からすれば,さしあたり求めたいデータとは,「ある出来事についてのメンバーの解釈は一致しない（リアリティの分離）」ということを示すデータということになる。しかしながら,本稿と同様の問題意識から実施された質問紙調査やインタビュー調査などがそもそも見当たらないということもあって,こうしたデータに出会うのは実はなかなか困難でもある。

いずれにせよいえることは,ここでの場合,理論的定式化が先にあり,それを裏づけるようなデータを意識的にさがそうとしているということであり,明確な問題意識をもち続けることで,データとの出会いを探索し続けるとしかいいようのない部分がある。その意味で「データ」となりえる素材との出会いは勘と偶然の産物ともいえるが,さまざまな素材の探索のなかから「データ」となりえるものをさがし当てるのは問題意識があるからこそということでもある。さてここでは,必ずしも満足のいくものではないが,そうしてさがし当てたデータのなかから性格の異なる2つのドキュメントデータを紹介することで,「認識の一致」という問題について検証してみよう。

3 リアリティ分離の2つのデータ——証言集と質問紙調査結果より

a リアリティ分離Ⅰ——「お葬式ごっこ」証言集より

さてここに,鹿川君の同級生の8年後の証言を集めた本がある。そのなかから,「お葬式ごっこ」についての8年後の証言を紹介してみよう。

　　鹿川はいじめられたといっても,みんなの見ているところで,本気で殴られたことは,1度もなかったと思う。

　　鹿川は「やめて」とか言わず,「参ったなあ」とか「ちょっと,きついよなあ」という程度で,ダメージを受けていても,その場で態度に見せなかった。

　　彼には,身を切って受けを取ろう,とするところがあったと思う。もともと,あのクラスでは,1発ギャグをかませて受けを取ると,ちょっとしたヒーローだった。

　　フェルトペンのひげ描き事件のときは,鹿川もおもしろがっていたと思う。

葬式ごっこも，みんなはそのノリでやったから，本当に遊びのつもりだった。あれは，みんなの意図と鹿川が感じたもののすれ違いだったんだ[15]。

鹿川がAたちに使われたりするの，そんなにいやがっているとは，思っていなかった。(略)。ともかく，自分の見たところでは，そんなにひどいことは，されていなかった。鹿川がいやがっていた，というのは，彼の死後に知った[16]。

当日，1時間目と2時間目の休み時間に，色紙が回った。ごく短い時間に，みんなが署名した。

あの色紙に，俺は「100円返せ」と書いているでしょう。貸しがあったわけじゃなく，もちろん，ふざけだが，僕は彼が生きているという前提で書いた。死んだことにするのは，いやだった。彼を殺したくなかった。

まあ，逃げたわけですね。書きたくて書いたんじゃない。だけど，書かずにはすますことはできなかった。

現に，何人か「おれはいいよ」とか言って，拒もうとして，Aたちに「お前，何で書けねえのかよ」と胸倉つかまれたりしたやつがいた。だから，クラスの男は全員，署名しているでしょう。(略)。彼はプライドが強いというか，いつも弱みを見せまいとしていた。「おれ，死んじゃったのかよ」とつぶやいたのは，本音だったと思う。そのあと，傷ついたことを見せまいとして，冗談ぽい口調になったんだろう[17]。

内容の分析に入る前にまず確認しなければならないことは，これはどのような性格のドキュメントデータであるだろうかということである。まずいえることは，これは彼らの証言そのものではなく「豊田充」という著者によって編集され書かれたものであり，その意味で二次的資料であるということである。少なくとも本書を読んだかぎりでは，紹介されている証言が，正確な転記なのか，筆者による編集の産物であるかは判断できない。もちろん，たとえ正確な転記であったとしても，それを利用する第三者にとっては二次的資料であるという性格は変わらない。なぜなら，彼らにインタビューしているのは豊田であって，このドキュメントデータを分析しようとしている筆者ではないからである。

さて二次的資料であるという性格を認めたうえで，その証言内容は正確に転記されたものと仮定してみよう。次なる問題は，いうまでもなくこれは8年後の証言であって，「お葬式ごっこ」が行われたそのときの彼らのリアリティではあり

えず，そこで語られていることは，この証言をしている「今」という時点からの再構成であるということである。ただし原則的には，他者のそのときどきのリアリティを知るためには，このような方法以外にはありえないという方法上の限界を示すものでもある。つまり，ある出来事についての解釈は，時間の経過とともに絶えず変化する可能性をもっており（「解釈」は未来に対して常に開かれているということ），それゆえ，そのときどきに，他者がある出来事についてどのような解釈（意味づけ）をしていたかということは，常に，その出来事が経過してしまった"事後"にしか尋ねることのできない性格のものであり，どの時点で披露した解釈がその本人にとって"本当か"といった問いはそもそも無意味なのである。さてそうしたことを確認したうえで，「お葬式ごっこ」という同一の出来事についての8年後の証言についての二次的資料から，われわれは何を読みとることができるだろうか。

まず第一に，「フェルトペンのひげ描き事件のときは，鹿川もおもしろがっていたと思う。葬式ごっこも，みんなはそのノリでやったから，本当に遊びのつもりだった。あれは，みんなの意図と鹿川が感じたもののすれ違いだったんだ」という証言から，鹿川君は，他者によって「おどけ」や「遊び」として類型化されるであろうと彼自身が想定した行為を差し出し，他者はまさにその行為を類型化することで彼の「内面」について類型的な理解を示していたのではないかということ。

第二に，「お葬式ごっこ」についての2人の証言，「葬式ごっこも，みんなはそのノリでやったから，本当に遊びのつもりだった」「まあ，逃げたわけですね。書きたくて書いたんじゃない。だけど，書かずにはすますことはできなかった」からわかるように，現在でも，あの「お葬式ごっこ」や鹿川君について，彼らがいかに異なったリアリティをそれぞれがつむいでいるのかということ。

そして第3に，「ともかく，自分の見たところでは，そんなにひどいことは，されていなかった。鹿川がいやがっていた，というのは，彼の死後に知った」と，鹿川君をめぐる出来事について，当時と彼の死後（または現在）とでは異なったリアリティをもつにいたっていることを表明していること。

　b　リアリティ分離Ⅱ——質問紙調査結果より

「8年後の証言」は，鹿川君の死後，残された級友たちの証言であるが，さて次に，「いじめ―いじめられ」の当事者である子どもたちのなかでの「リアリテ

ィ分離」を示すデータを紹介しよう。

　竹川らは，小学6年生と中学2年生に対して，クラスのなかで「いじめられている」児童生徒を特定してもらうために，「その時いじめられた人は誰と誰でしたか？　名簿の番号で記入して下さい。（あなたがいじめられた場合は自分の番号も記入して下さい）」[18]という質問をし，その結果を集計している。つまり，クラスのなかで誰がいじめられていると思うかを尋ねているわけで，他者から「いじめられている」と認知された生徒が何人いるか，そして級友の何人からそうした認知をされているかという結果を示している。そして分析のための操作的な基準として，「学級集団の4分の1以上によって指摘された者」を小中学生合計54名選び出している。つまりこの54人とは，クラスの10人以上によって「いじめられている」と指摘された者ということであるが，興味深いのは「この54人の中には，同じ学級の4分の1以上の者によって指摘されているにもかかわらず，いじめがあった時にいじめの立場をたずねる質問で，自己を一方的に『いじめられた』（被害者的立場）と記入しなかった者が28名いる。質問には，『いじめたし，いじめられた』（被害・加害者的立場）という選択肢もあるので，すべての者が被害者的立場のみに回答したわけではなく，半数近くの者は，一方的にいじめられているとは意識していないようである」[19]とその結果を紹介している部分である。

　竹川は，この結果についてはこれ以上の言及はまったくしていないが，本章の問題関心からすれば見逃すことのできない結果である。つまりこの結果は，「あの子はいじめられっ子である」と複数の他者によって認知されている当の本人が，必ずしも一方的な被害者意識をもっているとはかぎらないという，まさにリアリティ分離を示す格好の事例だからである。それゆえ，もし「いじめ」の定義が，いじめる側の「悪意」といじめられる側の「苦痛」を構成要件とするなら，一方的に「苦痛」のみを表明しているわけではないこの28名は「いじめられている」と判断できるのだろうか，という厄介な問題を投げかける結果となっている。

　そして，研究者の問題関心とデータとの関係という点からより重要なことは，竹川自身，自らの「いじめ」定義からすれば，こうしたデータをいかに扱いうるかという点について何も言及していないということであり，さらには，この調査の代表者である森田もまた，自らの提示した「4層構造論」モデルではとらえきれないデータを収集していながら，そうしたデータを（おそらくは例外的なもの

5節　「理論」と「実践」——社会学者の「位置」について

本章のそもそもの問題意識は「いじめ自殺」をめぐって提起されていた。つまり，他者の「苦痛」に気づかないことがあるという「事実」と「気づくべきである」という規範的言説との関係をいかに理解すべきかというものであった。これはすでに述べてきたように，「認識の一致」をめぐる基本的な立場の相違という問題に置き換えられている（図5-1）。

つまり，「認識の一致」と「認識の不一致」とを合わせたすべてがわれわれの相互行為領域であり，「認識の一致」領域はその一部にすぎないということである。しかしながら，常識的推論や「いじめ集団の4層構造」モデルは，「認識の一致」領域のみに焦点を定めた言説という性格をおびている。興味深いことは，森田・清永や竹川の実証主義的研究においても，「認識の不一致」を示すデータが収集され，しばしばそうしたデータについての指摘がなされているにもかかわらず，あるいは常識的世界においても，経験的事実としてそのことを知っている

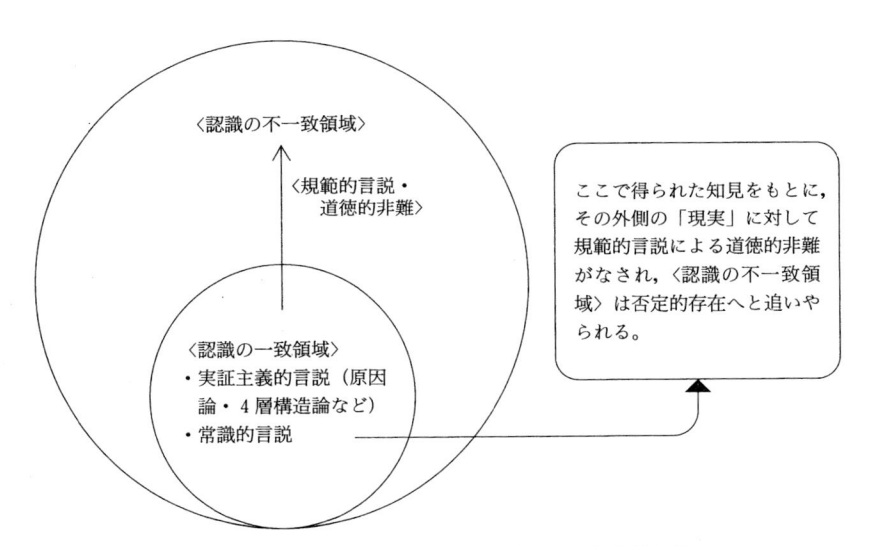

図5-1　「認識の一致」をめぐる〈事実〉と〈規範的言説〉

にもかかわらず，そうした「事実」は，しばしば「問題状況である」と価値的に判断されることで例外化され，「認識の不一致」という「事実」は，規範的な言説によって否定的存在へと追いやられていく。

しかし本章の問題関心からすれば，「認識の一致」と「認識の不一致」とを合わせた全体こそが社会的相互行為の「現実」であり，この全体をとらえるための理論構築を目指す必要があるということである。そして本章は，そのささやかな第一歩というつもりでもある。そうすることによってわれわれは，「認識の不一致」という「現実」を道徳的に非難するような言説と訣別し，「いじめ問題」についての新たな語り方を模索していけるのではないかということなのである。ただし，急いで付け加えておこう。こうしたある意味での運動論（実践論）は，本章の守備範囲を超えた問題であり，社会学は理論の構築や解釈に踏みとどまるということである。この問題については，たとえば，「理解すること」と「行動すること」として，バーガーとケルナー（Berger, P. & Kellner, H.）の『社会学再考』が興味深い考察を展開してくれている[20]。その内容については読者への宿題としておこう。

注
1) スペクター,M.・キツセ,J. 村上直之・中河伸俊・鮎川 潤・森 俊太訳『社会問題の構築：ラベリング理論をこえて』マルジュ社，1977／1990, p.119.
2) たとえば，中河伸俊・永井良和編著『子どもというレトリック』青弓社，1993.
3) スペクター,M.・キツセ,J. 前掲訳書, p.36.
4) スペクター,M.・キツセ,J. 前掲訳書, pp.22-26.
5) スペクター,M.・キツセ,J. 前掲訳書, pp.120-121.
6) 森田洋司・清永賢二『いじめ——教室の病い』金子書房，1986, p.25.
7) 朝日新聞山形支局『マット死事件——見えない"いじめ"の構図』太郎次郎社，1994, p.34.
8) 竹川郁雄『いじめと不登校の社会学』法律文化社，1993, p.55.
9) 明倫中「マット死事件」の概要については，朝日新聞山形支局，前掲書。また，事件発生当初，この事件が「いじめ事件」という枠組みのもとで教育問題として構築されていった過程の分析については，片桐隆嗣「新聞報道における『明倫中事件』の社会的構築」ars編集委員会編『東北芸術工科大学文芸』第3号，1995年9月，pp.59-73.
10) 森田洋司・清永賢二，前掲書，pp.26-32.
11) シュッツ,A. 渡部 光ほか訳『社会的現実の問題［1］』マルジュ社，1962／1983, p.59.
12) 同書, p.60.
13) ドキュメント的解釈法については，Garfinkel, H., 1967. *Studies in Ethnomethodology*. (Polity Press, 1984, pp.76-103.).さらに，エスノメソドロジーの解説書と

しては，Leiter, K. *A Primer on Ethnomethodology*. Oxford University Press, 1980 が平易な英語で内容もわかりやすい．訳書も出版されており，ライター，K. 高山眞知子訳『エスノメソドロジーとは何か』新曜社，1987のとくに第6章で，ドキュメント的解釈法について詳しい解説がなされている．なお，「ドキュメント的解釈法」という訳語は，クロン，A. 山田富秋・水川喜文訳『入門エスノメソドロジー——私たちはみな実践的社会学者である』せりか書房，1987／1996．
14) Garfinkel, H., op. cit., p.78.
15) 豊田　充『「葬式ごっこ」八年後の証言』風雅書房，1994, pp.100-101.
16) 同書，p.164.
17) 同書，pp.115-116.
18) 竹川郁雄，前掲書，p.84.
19) 同書，p.102.
20) バーガー，P.・ケルナー，H.　森下伸也訳『社会学再考』新曜社，1981／1987, pp.79-80.

(北澤　毅)

6章　映像テクストと物語的アプローチ

「はじめに」に代えて

このような場においてひとつの章の叙述が始まるとき，その叙述を読もうとするわれわれ読み手は，それぞれの章に「はじめに」（あるいはそれに相当する何か）があることをあたりまえのこととして期待する。現にここでこうして筆者が「『はじめに』に代えて」と書き始めているのは，今読まれようとしているこの原稿に先立つ「草稿」（「はじめに」をもたなかった）を読んだ編者からの「序論ないしははじめにが必要ではないか」とするコメントを受けてのことである。われわれはなぜ「はじめに」を必要とするのか？

その疑問は，本章が扱う問題の原問題のひとつともなる。すなわち，われわれはわれわれを取り巻く世界を認識するとき，「はじめ」があって「中（間）」があり「終わり」をもつという「物語」の一形式による把捉を自明な手続きとしているといえるであろうし，そのことは，たとえば「質的調査研究」の方法論を検討するに際して，その方法論を支える方法論の次元に属するものと思われる「物語」の諸形式に関する検討を，意味ある探究課題のひとつとしてわれわれの前に提示してくるのではなかろうか。

1節　「物語論」と「物語」論

「物語（narrative）」をめぐってこれまで展開されてきたさまざまな議論は，「物語」それ自体を研究する立場としての「物語論」（狭義の「物語論」＝narratology）と，「物語」の観点を探究の方法として用いる立場としての「物語」論（広義の「物語」論＝narrative study/research）とに大きく分けて整理してみることができるように思われる。

I　「物語論」の展開

まず「物語論」を概観しておこう。この名称は，ジュネット（Genette, G.）によれば，トドロフ（Todorov, T.）により提案されたものであり，その要点は，簡略化していえば「物語テクストに関する理論」[1]である。思潮としてみれば，中心となる考え方は，構造主義や記号論の理論枠組みの内に位置づけられうる。

その源流をたどれば，アリストテレス（Aristoteles）の「詩学」にまで遡ることができようし，より直接的な影響関係をたどれば，プロップ（Propp, V. J.）やロシアフォルマリスム（シクロフスキー：Шкловский, В., ヤコブソン：Jakobson, R. ら）の一連の研究を位置づけることができる。そして，グレマス（Greimas, A. J.）やトドロフ，ブレモン（Bremond, C.），バルト（Barthes, R.），ジュネットらの構造主義的な物語研究（構造主義物語論）へと展開していく。その多くはフランスの研究者たちであるが，英米においてもチャットマン（Chatman, S.）やプリンス（Prince, G.）らの一連の研究をみることができる。

　現代の代表的な物語論者ジュネットによる「物語論」の中心的カテゴリーは，「物語内容（histoire）」（ストーリー），「物語言説（recit）」（ディスコース），「語り（narration）」（ナレーション）であるが，これらはすべて動詞の文法の3つのカテゴリーから由来する。すなわち，「物語内容」は「時間〔時制〕(temps)」（時間による出来事の整理・表示），「物語言説」は「叙法（mode）」（語り手のパースペクティヴやディスタンスが検討される），「語り」は「態（voix）」（語り手の種類と話を表現する方法が考慮される）である[2]。このように彼に代表される「物語論」は，言語学（構造主義言語学）と文学研究との根本的アナロジーにもとづくものである（「物語はひとつの長い文章である」〔バルト〕）。

　また，ジュネットによれば，いわゆる「物語論」の研究は2種類に分けられる。ひとつは「テーマ論的物語論」とよばれるもので，プロップの研究に代表されるような物語の内容についての分析である。もうひとつは「形式論的物語論」であり，それは「叙法を扱う物語論」のことであり，「さまざまな物語内容を『再現』する様式としての物語言説の分析」のことであり，ジュネット自身は自らをこちらの側に位置づけている[3]。

2　「物語」論の展開

　一方，「物語」論は，フィッシャー（Fisher, W.）に代表されるような「物語パラダイム」（メタ・パラダイムとしての「物語」）あるいは「ホモ・ナランス（homo narrans）」（物語る動物としての人間）観に立つ諸議論[4]から，「物語」批判あるいは反「物語」論のさまざまな展開にいたるまで広範囲におよぶ。

　「物語」は，人文科学および社会科学諸分野において，多種多様な議論の文脈において使用されている概念である。

たとえば，ミッチェル（Mitchell, W.）の編集による『物語について（On Narrative）』(1980/1987)を参照するだけでも，そこに再録された1979年10月にシカゴ大学で開催された「物語」をめぐるシンポジウムの様子から，いわゆる物語論者の論考とともに，歴史学（ホワイト：White, H.），精神分析（シェイファー：Schafer, R.），人類学（ターナー：Turner, R.），文芸批評（カーモウド：Kermode, F.），解釈学（リクール：Ricœur, P.），小説（ル・グイン：LeGuin, U.）等々，広範囲にわたる論者の多様な論の展開にふれることができる。その他社会学や人類学，心理学など各分野においても多種多様な研究がみられることはいうまでもない。たとえば，コンストラクティヴィストの観点から自己物語（self-narrative）／自伝（autobiography）へのアプローチを整理したブルーナー（Bruner, J.）や，文化人類学における民族誌の物語性を検討したブルーナー（Bruner, E.）やレック（Reck, G.），心理療法における「物語モデル」を提唱するホワイトとエプストン（White, M. & Epston, D.）ら，文芸批評にとどまらず文化諸領域の「マスターナラティヴ」を「弁証法的批評」の立場から分析するジェイムソン（Jameson, F.），ポストモダンの代表的思想家の1人リオタール（Lyotard, J.-F.）による近代を支えた「大きな物語」の信憑性の喪失をめぐる議論等々。

そのなかで主として社会科学関係で最近のものから2，3の例をあげてみれば，コミュニケーション論研究の立場を中心として，さまざまな社会的コンテクストにおける「物語」に関する論考を集めたマンビー（Mumby, D.）の編集による *Narrative and Social Control* (1993)や，「物語」の観点を導入したライフヒストリー／ライフストーリーに関する一連の研究；たとえば，*The Narrative Study of Lives* (Josselson, R. & Lieblich, A., eds., 1993)，コンストラクショニストのキツセ（Kitsuse, J.）とナラティヴィストのサービン（Sarbin, T.）の編集になる *Constructing The Social* (1994) 等のほか，*Narrative Analysis* と題された質的社会調査方法論に関する同名の著作2冊が1993年に刊行されている。

ところで，日本においては「物語」はどのように取り扱われているのだろうか。1985年の日本記号学会のシンポジウムにおける「物語」への文化記号論的アプローチの展開『語り―文化のナラトロジー』(1986)。文学領域における記号論的物語論に向かった前田愛『文学テクスト入門』(1988)。日本近代小説を素材に「行為としての物語」研究の可能性を探る小森陽一『構造としての語り』(1988)，

それに続く中村三春『フィクションの機構』(1994)や榊敦子『行為としての小説』(1996)らの試み。1990年1月の雑誌『國文學』に組まれた特集「物語」に明らかな源氏物語研究に象徴される物語文学研究の文脈。日本の物語文学研究と欧米の物語論との接合を企図する藤井貞和『物語の方法』(1992)。文芸批評においては，よく知られた「説話論的磁場」概念を駆使した蓮實重彦『物語批判序説』(1985)による「イデオロギーとしての物語」批判（四方田犬彦『叙事詩の権能』(1988)や宇野邦一『物語と非知』(1993)らの試みがそれに続く）。フェミニズム批評の立場から性差文化における女性の「マスターナラティヴ」を問う水田宗子『物語と反物語の風景』(1993)。広告業界において記号論の応用をはかった福田敏彦『物語マーケティング』(1990)論。さらに都市民俗学の知見を援用しつつ「物語消費論」「物語治療論」へと展開した大塚英志『見えない物語』(1991)。心理療法領域におけるユング派の「イメージとしての物語」観（河合隼雄『物語と人間の科学』(1993)，桑原知子「イメージとしての物語」(1992)など）。フロイト (Freud, S.) 研究から独自の欲望論を展開する岸田秀らによる『物語論批判』(1992)。現代哲学領域での「物語」をテーマとした論考群（野家啓一『物語の哲学』(1996)など）。宗教学領域では，島田裕巳『フィールドとしての宗教体験』(1989)や竹沢尚一郎『宗教という技法』(1992)などの「宗教の物語性」「物語の宗教性」に関する議論。社会学領域では，現象学的社会学や解釈学的社会学の立場からライフヒストリー（ストーリー）研究を展開する橋本満『物語としての「家」』(1994)や桜井厚「会話における語りの位相」(1992)等々。

2節 「物語的アプローチ」を考える

では，このような多種多様な「物語論」および「物語」論の両者に共通する考え方を基本におきつつ，それぞれの領域ごとに独自に考案された「物語」のとらえ方のいくつかをとりあげ，検討しておきたい。ここではそれらを仮に「物語的アプローチ」というよび名で総称しておこう。

ここで「物語的アプローチ」とよぶものは，フィッシャーがいうような存在論的カテゴリーとしての「物語」，すなわちあらゆる人間のコミュニケーションの形式は物語としてみられる必要があるとする「物語パラダイム」（「メタ・パラダイム」としての「物語パラダイム」）の考え方を拡張し，さまざまに展開されて

きた認識論的カテゴリーとしての「物語」の視角がもつ方法論的・方略的側面を視野におさめることを意図した概念として用いている。

1　「物語」の諸相をどうとらえるか

まずは，「物語論」および「物語」論に共通する「物語」の観点として，「物語」を把握するにあたって，一般に3つないしは2つの局面をもつものとして「物語」をとらえる見方について検討しよう。

「物語論」者ジュネットによれば，「物語」は「物語内容 (histoire)」（シニフィエ〔意味されるもの〕としての物語）と「物語言説 (recit)」（シニフィアン〔意味するもの〕としての物語），そして「語り (narration)」（物語を生産する語る行為）とに分けてとらえられる[5]。

文化人類学者ブルーナーも，「物語としての民族誌」を論じるなかで，「物語」の鍵となる成分としてストーリーとディスコース，テリングをあげる。ストーリーは「体系的に関連づけられた出来事の抽象的なシークエンス，統語論的構造」であり，ディスコースは「ストーリーが明らかにされるテクスト，小説・神話・講義・映画・会話などのような特定の媒体」，テリングは「行動，語る行為，ディスコースにおけるストーリーをうみだすコミュニケーション過程」である[6]。

一方で，ジュネットの影響下にあるチャットマンは，「物語」をストーリー (story, histoire) とディスコース (discourse, discours) とに分ける。前者は，「出来事の連鎖，物語の内容 (what)」であり，一方後者は，「内容が伝えられる手段，物語の表現 (how)」である[7]。「物語」をこのように2つの局面において分けてとらえるのは，ロシアフォルマリズムによる "fabula (fable)"（「出来事の総和，〈実際に何が起こったか〉」）と "sjužet (plot)"（「出来事が結びつけられて実際に語られた物語，〈どのように話者が何が起こったかに気づくか〉」）との区別にもとづくものであり，構造主義的な二元論的概念である。

「物語」を「ストーリー」と「プロット」に分けてとらえることもできる。フォースター (Forster, E.) によるよく知られた概念規定によれば，「ストーリー」は「時間的順序に配列された諸事件の叙述」であるのに対して，「プロット」は「因果関係に重点が置かれた諸事件の叙述」である[8]。この用語法からいえば，"The king died, and then the queen died." は「ストーリー」である一方で，"The king died, and then the queen died of grief." は「プロット」である。

つまり,「ストーリー」ならば,〈それからどうした？〉が問われるのに対して,「プロット」ならば,〈なぜか？〉が問われる。

したがって,「物語」が「はじめ」「中(間)」「終わり」の3つの段階からなるというのは,「ストーリー」の面からいえば時系列としての「つながり」としての「物語」を構成する契機といえるであろうし,一方「プロット」の面からいえば意味の「まとまり」としての物語を構成する契機であるといえるであろう。

2 「物語」をめぐる行為者をどうとらえるか

次に,いわゆる「物語論」において議論される「物語コミュニケーション」状況の全体は,たとえば図6-1に示すようなダイアグラムで表すことができる[9]。

[現実の作者 [内包された作者 [語り手 [物語言説] 聴き手] 内包された読者] 現実の読者]
図6-1 「物語コミュニケーション」状況

このダイアグラムは,いわゆる一般的コミュニケーション・モデルにみられるような「送り手」(すなわち「語り手(narrator)」)と「受け手」(すなわち「聴き手(narratee)」)というエージェントの次元を,より多層的なものとしてとらえるものである。単なる「メッセージ」ではなく,多層的メッセージとしての「物語メッセージ」が,コミュニケーションの担い手の多層化を要求すると考えることもできるだろう。

ここで「物語言説」内の「行為者」としては「作中人物(character)」というカテゴリーが位置づくわけだが,「語り手」や「聴き手」などのカテゴリーは,「物語言説」の内にも外にも位置しうる。たとえば,「語り手」は,自らが提示する「物語世界(diegesis)」内にいることもあれば,「物語世界」外にいることもある。ジュネットは,前者を「等質物語世界の語り手」,後者を「異質物語世界の語り手」とよぶ。

「内包された作者(implied author)」という概念は,いわゆる構造主義的な「物語論」の展開に先立って,すでにブース(Booth, W.)によって,読者と物語とをきり結ぶ概念として導入された概念である。

「物語論」者の概念規定によれば,「現実の作者(real author)」とは区別され,「テクストから再構築されたものとしての,作者の第二の自己(self),マスクあるいはペルソナ」,あるいは「テクストを出発点として,読み手が構築しえた,

そのままの（テクストにおける）作者のイメージ」のことである[10]。同様に「読者（reader）」についても「現実の読者（real reader）」と「内包された読者（implied reader）」とが設定される。「受容理論（reception theory）」の立場に立つイーザー（Iser, W.）によれば，「どのような文学テクストであっても，読者に対して，つねに特定の役割を提供している。この役割の構成概念が内包された読者である」[11]。他の論者の概念規定によれば，「テクストによって想定されている読み手」「内包された作者の価値観や文化規範に合致するよう形成される現実の読者の第二の自己」としての「内包された読者」を設定することができる[12]。ここで，筆者がとくに注目するのは，「内包された（implied）」という概念のもつ存在論的・認識論的含意である。「内包された」次元の明確化は，「物語テクスト」の「虚構」としての構成（その「物語」が「実際」であろうと「虚構」であろうとかかわりなく）を明確化する。「物語テクスト」にとっては，実際の「作者」「読者」ではなく，「内包された作者／読者」が問題である。

3 「物語」はどのように分析されるか

さて，「物語」はどのように分析されるのであろうか。

たとえば，ポーキングホーン（Polkinghorne, D.E.）は，「物語」をもった調査研究は2種類に分けられるとしている[13]。

(1) すでに個人やグループによって語られた「物語」を記述すること（descriptive）

(2) 何かが起こった理由を「物語」を通して説明すること（explanatory）

また，先ほどふれたように，「物語論」の展開の例として，『物語分析（*Narrative Analysis*）』とよばれる質的調査方法論に関する同名の著作2冊が1993年に刊行されている。リースマン（Riessman, C.）およびコールタジー（Cortazzi, M.）によるもので，いずれも社会調査方法論のシリーズ中の1冊としてまとめられたものである。いずれの著作も「物語分析」が解釈的営みである以上，基準となるアプローチがあるわけではないことへの留意を含んだうえでの議論である。

では，その内容を要約しておこう。

【リースマン，*Narrative Analysis*（1993）の概略】

リースマンの関心は，専門分野としての社会学およびソーシャルワークの立場から，人間科学諸分野における"narrative turn"の自覚のもとに，質的調査方法論としての「物語分析」の理論的文脈の提示および実践的モデルの検討に向けられている。

調査研究者は他者の経験に直接アクセスするのではなく，経験のあいまいな表象（representation）を扱っていることをふまえたうえで，調査過程における表象のレヴェルを次の5つに分けて考える。

(1) 経験に参加する（attending）
(2) 経験について語る（telling）
(3) 経験を書き記す（transcribing）
(4) 経験を分析する（analyzing）
(5) 経験を読む（reading）

それぞれのレヴェルの検討をふまえ，「物語分析」の実際として「ライフストーリー」や「会話におけるナラティヴ」などの研究例の紹介を経て，「物語分析」の指針として，次の3段階が整理され，それぞれの留意点と実例が検討されている。

(1) 語り（telling）
(2) 記述（transcribing）
(3) 分析（analyzing）

最後に，「物語分析」の評価として，以下の4つの水準が立てられる。

(1) 説得力（persuasiveness）
(2) 一致（correspondence）
(3) 一貫性（coherence）
(4) 実用的使用（pragmatic use）

また，この研究が「口頭での一人称による経験の説明（account）」に適合するものであり，たとえば書かれた「物語」の分析にとってはその他の方法との接合の問題があることにふれている。

【コールタジー，*Narrative Analysis*（1993）の概略】

コールタジーによれば，「物語分析は精神に窓を開けることであり，特定の集団の物語を分析するのならば文化に窓を開けることとみなしうる」。

コールタジーの関心は，初等中等学校における教授経験をもとにした教授活動に関する質的分析にある。そのためにまず，教師に関する研究の近年の動向を，「自省 (reflection)」「知識 (knowledge)」「声 (voice)」という3つの概念を中心として整理するなかで，「物語」の観点との関連を問う。

彼によれば，社会科学と教育研究における「物語的方法 (narrative method)」の試みは，「自伝（自己物語）」「ライフヒストリーと共同の伝記」「物語調査」「カリキュラムストーリー研究」「教師の逸話の収集」へと整理される。

そうした関心から実際の分析にいたる前段階として，各種の学問分野における「物語」のモデルが検討される。

(1) 社会学的・社会言語学的モデル
(2) 心理学的モデル
(3) 文学的モデル
(4) 人類学的モデル

たとえばこのなかで，(1)社会学的・社会言語学的モデルは，次の4つのセクションに分けて検討されている。

1) サックス (Sacks, H.) らの会話分析
2) ゴフマン (Goffman, E.) のドラマツルギカルモデル
3) ラボフ (Labov, W.) らの評価モデル
4) ウルフソン (Wolfson, N.) やポランニ (Polanyi, L.) らの社会的コンテクスト論

これらのモデルの検討をふまえ，とくに社会言語学的モデルのひとつであるラボフらの評価モデルを参考とした小学校教師の「物語」の分析が行われる。

3節 「カスパー・ハウザー問題」を考える

1 「カスパー・ハウザー」をめぐる物語群から

ここで「物語的アプローチ」の試みの対象として選ぶのは，「カスパー・ハウザー (Kaspar Hauser)」をめぐる物語群である。この人物はさまざまな人々によってさまざまに語り継がれ，また映像化され，今日にいたっている。

さて「カスパー・ハウザー」は，どのように語られ，また映像化されてきたか？

a 野生児としてのカスパー・ハウザー

(1) 「カスパー・ハウザー」の同時代を生き，行動の記録を残したフォイエルバッハ（Feuerbach, A.）は，「カスパー・ハウザー」を次のように説明している。

> （1828年に）ニュールンベルクで発見され……，その当時16歳か17歳であったと思われるが，話すことがまったくできなかった。……いつも座ったままの姿勢でいることを余儀なくされていた地下牢こそが，この広い世界にあって，不幸な彼に与えられていた空間のすべてだったのである。……彼は，まさに，植物のように，しかも見捨てられた不幸な植物としてだけ，生存を許されていたのである[14]。

(2) いわゆる「野生児」として「カスパー・ハウザー」をとらえる見方の一例としては，ジング（Zingg, R.）による「長い過酷な孤立」の一例としての位置づけがある。

> （野生人と）似たような事例は，新聞で時どき報道されるところだが，無慈悲な親や正気でない親によって，人間的な絆を絶たれた子どもたちである。……こうした子どもたちは，〔動物に育てられたり，他人と接触なしに自力で生き延びた子たちと〕同じような環境からの隔絶の影響を示している。だが，孤立が短期間であれば，隣人や子どもを保護する社会に魅力を感じるようになり，たいてい，正常な精神やパーソナリティをとりもどしている，よく知られているカスパー・ハウザーの事例も，この中に含められる[15]。

(3) また，マルソン（Malson, L.）による「野生児」のタイプ分けでいえば，カスパー・ハウザーは「放置された子ども」の一例である。

> 「野生児」には，教育を受ける適性，知識を習得する過程での進歩，感情面における開化について，少なくとも否定できない事例が三つある。……すなわち，（その三事例とは）放置された子ども〔カスパー・ハウザー〕，動物化した子ども〔カマラ〕，最後に孤独な子ども〔ヴィクトール〕である[16]。

b 学術的モチーフとしてのカスパー・ハウザー

(1) 野生児としての「カスパー・ハウザー」にとどまらず，「カスパー・ハウザー」はさまざまな学術的な概念構成に取り入れられているモチーフでもある。たとえば心理学辞典（『岩波心理学小辞典』）のなかでの説明。

有名な孤立児で，16歳まで穴倉でそだてられ，社会的接触もなく，穴倉から出されたときには言葉も了解できず知的未発達の状態だったが，その後学習が急速に進展し，のちに自分で自分の体験を叙述したというもの（ただし，サギ師ともいわれる）。この例から，動物心理学で生後の経験をなるべく与えずに育てる実験を〈カスパー・ハウザー実験〉(Casper Hauser experiment) といい，都市住民のもつ孤独感および他人との感情的接触の困難な傾向を〈カスパー＝ハウザー・コンプレックス〉(Caspar Hauser complex, ミッチャーリッヒ) と称する[17]。

(2) ミッチャーリッヒ (Mitscherlich, A.) による「カスパー・ハウザー・コンプレックス」については，『父親なき社会』の中に次のような説明がある。

……妄想様の世界加工，人間と事物が絶対的に不確実であり疎遠であり脅威であるということだけが問題になる。このような世界の基礎気分のなかにあってその力の犠牲にされ，なだめ鎮静される経験をもてない苦しみ——この基礎気分における苦しみを「カスパー・ハウザー・コンプレックス」とよぶことができるだろう[18]。

(3) さらに種村季弘『謎のカスパール・ハウザー』において，ミッチャーリッヒの考え方は（1950年の論文をもとにして）次のように紹介されている。

それは当の人間を世界に関しては本来的に没文化的に，共生する人間に関しては本来的に非社会的に成長させ，したがって彼をして非社会的，文化破壊的たらしめるところの，絶対的孤立化を指す。言い換えるならそれは，いかなる徒党形成をも，自分自身に対するいかなる刺激，誘惑，不誠実をも，いかなる不安反応をも受け入れてしまい，自分をもはや社会的存在とはわきまえず，点的，瞬間発動的な衝動体をもって自認している現代の集団人間のコンプレックスなのである[19]。

c　芸術的モチーフとしてのカスパー・ハウザー

(1) また一方で，さまざまな芸術領域におけるモチーフとして，「カスパー・ハウザー」はさまざまに表現されてきた。たとえば，ヴェルレーヌ (Verlaine, P.) の詩「〈穏やかな孤児の私は……〉」。

穏やかな孤児の私はやってきた，静かな眼だけを輝かせて，大きな町に住む人たちのところへ。誰も私を賢いとは思わなかった。二十歳のとき，恋の

災いの名のもとに，新たな心の動揺が生じ，女たちは美しいと私に思わせた。彼女たちは私を美しいと思わなかった。祖国も国王もなくとびぬけ勇敢でもなかったのに，私は戦場で死にたいと思った。だが，死は私を望まなかった。生まれるのが早すぎたか，遅すぎたのか？　この世で私は何をするのか？

おお皆さま，私の悲しみは奥深い。哀れなカスパールのために祈り給え[20]。

(2)　たとえば，ハントケ（Handke, P.）によって戯曲化された「カスパー」。
……（ただひとつの言葉を繰り返し言う。）「昔だれかがそうだったような人間になりたい」（カスパー）……（社会化されたことばの世界への導き）「ことばを学び，覚醒せよ。ことばを学び，世界をめざせ。」「どうだ押し寄せることばからおまえは自分を守れるか！」（プロンプター）……「ぼくは社会という牢獄の囚人，牢獄ことばを復唱する哀れな道化師だ。」（カスパー）……[21]。

(3)　たとえば，ヘルツオーク（Herzog, W.）による映画「カスパー・ハウザーの謎」。その冒頭のシーンには，次のような字幕があらわれ，最後のシーンでは，「カスパー・ハウザー」の発見から遺体の（脳の）解剖までの記録をとり続けてきた書記による言葉でしめくくられる。

1828年の聖霊降臨節の日曜日，N市で身許不明のひどいなりの若者が保護されたが，この男は後にカスパー・ハウザーと名づけられることになった。彼はろくに歩けず，たった一つの句しか喋れなかった。言葉を覚えてからの彼の報告によると，生まれてこのかたずっと地下牢に閉じこめられ，自分以外に人間がいることさえも知らなかったという。食事は眠っている間に夜中に差入れられていたからだ。世界というものについてまるで見当がつかず，木，家，言葉が何を意味するのかも分らなかった。終りのころになってはじめて一人の男が姿をあらわしたそうだ。彼の素性の謎は今日まで解けていない。……

……書記：「見事な調書だ。正確無比だよ。私はこれから調書をつくるんだ。ハウザーに異常が発見された記録だ。遂にあの異常な人間の説明がついた。これ以上みごとな解明はできないだろう。……」[22]

2　「カスパー・ハウザー問題」の検討

ここで仮に「カスパー・ハウザー問題」とよぶものは，「カスパー・ハウザ

ー・コンプレックス」や「カスパー・ハウザー実験」といった従来の学術的概念とは違った局面を「カスパー・ハウザー」にみようとするからである。どのように違うかといえば、問題の提示にあたって、いわゆる専門家によって所有され、公衆を排除する「伝統的合理性」にもとづく概念構成を行うのではなく、それとは対照的な「物語的合理性」にもとづく問題の提示を試みようとするからである[23]。より具体的には、これまでにさまざまに語られてきた「カスパー・ハウザー」をめぐる物語群のいくつかにおける「カスパー・ハウザー」の語られ方に注目し、そこにいくつかの問題をみようとする立場の展開である。

では、「カスパー・ハウザー」をめぐるさまざまな形式のテクストにおける「語り」の特質を、語り方のフェーズ（局面）に分けて検討してみることにしよう。

a　モノローグ・フェーズ：記録「カスパー・ハウザー」（図6-2）

同時代を生き、カスパー・ハウザーに直接接しえたフォイエルバッハにより記録され報告された「カスパー・ハウザー」は、対象となる世界を外側から記述する形式において一貫している。この報告のなかでは、「カスパー・ハウザー」とその周囲の者たちとの相互行為が、実際に起こった出来事として忠実に記録される形式がとられる。

これは、いわゆる古典的民族誌の記述において自明視されてきた手続きであり、

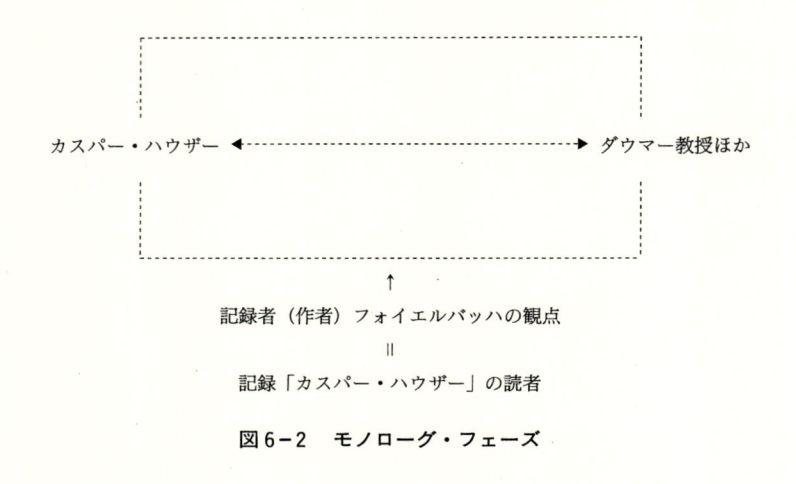

```
┌─────────────────────────────────────────┐
│                                         │
│ カスパー・ハウザー ←――――――→ ダウマー教授ほか │
│                                         │
└─────────────────────────────────────────┘
                    ↑
         記録者（作者）フォイエルバッハの観点
                    ‖
           記録「カスパー・ハウザー」の読者
```

図6-2　モノローグ・フェーズ

記述態度である。

　つまり，「作者」は，「物語世界」外にいて「物語世界」の「出来事」を語る「語り手」としてのポジションを自明視しつつ，「物語世界」内の「作中人物」を常に「語り」の客体のポジションにとどめておく。

　したがって「読者」（「聴き手」）は，「作者」の観点を対象化することなく，「作者」がみるように世界をみることを自然化する。

　ここでは，古典的民族誌がそうであるように，われわれ読者は，いわば「モノローグ（mono-logue）」化された物語のフェーズの展開につきあうことになる。

　b　ダイアローグ・フェーズ：戯曲「カスパー」（図6-3）

　戯曲「カスパー」では，戯曲化によって「物語」としての枠組みが明示される。さらにこの戯曲においては，観衆（「読者」）が「物語世界」のなかに組み込まれる手続きをもつことで，古典的なリアリズム劇にはみられない「異化」効果を伴う。

　つまり「作中人物」としての「観衆（読者）」。「作中人物」としての「カスパー・ハウザー」と観衆（「読者」）とが同次元において出会うしかけが施される。

　したがって，実際の観衆（「読者」）は，物語テクストに「内包された観衆（読

```
┌─────────────────────────────────────────┐
│   ┌ ─ ─ ─ ─ ─ ─ ─ ─ ─ ─ ─ ─ ─ ─ ─ ─ ┐   │
│   │ カスパー ←――――――→ プロンプター │   │
│   └ ─ ─ ─ ─ ─ ─ ─ ─ ─ ─ ─ ─ ─ ─ ─ ─ ┘   │
│                   ↑↓                    │
│        可視化された内包された観衆（読者）    │
│                   ↑↓                    │
│    劇作家（内包された・現実の作者）ハントケ   │
│                                         │
└─────────────────────────────────────────┘
                   ↑↓
        劇作「カスパー」の現実の観衆（読者）
```

図6-3　ダイアローグ・フェーズ

者)」を経験する（読む）ことによって，相互性の次元を獲得することになる。

　また，プロンプターは舞台に姿をあらわさないが，カスパーとの対話（応答関係）を構成する。そうしたプロンプターとの対話，そして内包された観衆（読者）との対話のしかけによって，「モノローグ」的な特権的認識者の相対化の手続きを経て，いわば「ダイアローグ（dia-logue）」的な物語のフェーズがここに展開されうるということができるだろう。

　また，ハントケの戯曲をめぐって，小岸昭は，次のように論じた。

　　　この作品が主要テーマに据えているのは，言語，つまり社会の平均化する暴力とみなされる言語と人間の葛藤である。成人して初めて言葉と意識の世界に入ってゆく主人公にとって，社会が強制してくる言葉は，一つの「私刑」を表している。だから，彼は奇形化をいっそう促進するようにしか機能しない社会に，習い覚えたばかりの言葉を武器として立ち向かおうとするが，結局は本来の無垢な自我へと撤退せざるを得ない[24]。

　この指摘は，古典的な民族誌的記述のナイーブさへの告発としても興味深い。つまり，言語を「安定した単一の意味をそのまま反映する透明なメディア」（リースマン）としてみなす古典的な民族誌的記述への懐疑を，記述の対象とされた「作中人物」たる「カスパー・ハウザー」の存在のあり方自体が告発しているというわけだから。

　c　メタローグ・フェーズ：映画「カスパーハウザーの謎」（図6-4）

　一方，映画「カスパー・ハウザーの謎」では，対象とされる世界のなかに「作中人物」としての「作者」＝書記（記録者）が組み込まれている。したがって，観衆（「読者」）は，相互行為の当事者たちを観察する者を観察する観点を獲得することになる。観察者の観察者の観点。言いかえると，一人称―二人称の関係の記録における三人称のかかわり方を認識する観点が与えられる。いわば，三人称の観点を通した一人称―二人称関係の構成過程が対象化される。

　さて，「物語」世界内における「内包された作者」たる「書記」という「作中人物」の存在とその可視化はいかなるインプリケーションをもつか。ここでは，古典的民族誌にみられるような「壁」としての観察者，すなわち「物語世界」の外にいる者による「出来事」の提示はみられない。それにかわって，ここでは「出来事についてインフォーマントがつくりだす物語」（リースマン）の提示の様

態が明らかにされる。「作者」によってつくりだされ，語られる「物語」としての「カスパー・ハウザー」。映像というメディアを利用しつつつくりだされたフェーズは，物語世界の各「行為者」の「作中人物」性を確認する装置として働く。

ここでのフェーズは，物語世界の「作者」「語り手」の可視化・対象化という手続きによって，いわば物語の「メタローグ (meta-logue)」的フェーズの展開の過程を明示しているということができるのではなかろうか。

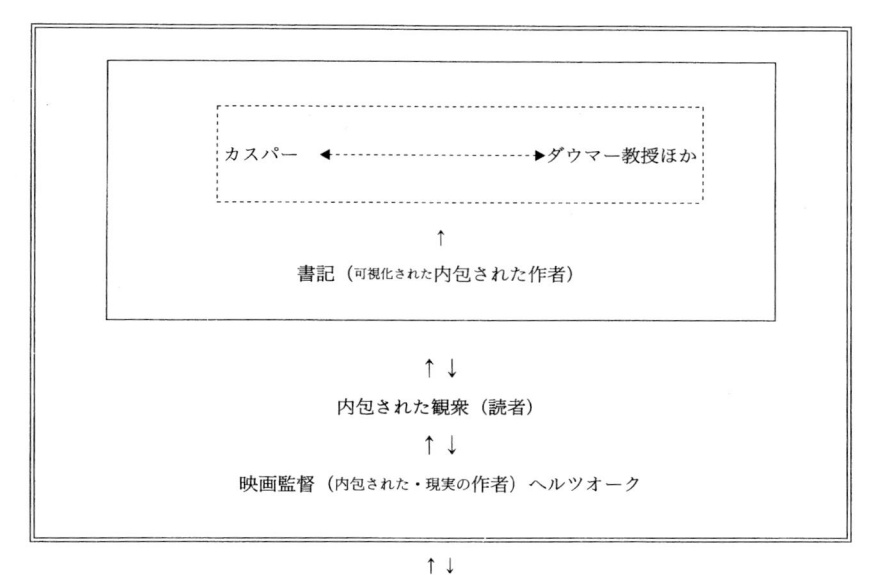

```
┌─────────────────────────────────────────────┐
│  ┌───────────────────────────────────────┐  │
│  │ カスパー ←------------→ ダウマー教授ほか │  │
│  └───────────────────────────────────────┘  │
│                    ↑                         │
│         書記（可視化された内包された作者）    │
└─────────────────────────────────────────────┘
                    ↑↓
            内包された観衆（読者）
                    ↑↓
     映画監督（内包された・現実の作者）ヘルツオーク
                    ↑↓
       映画「カスパー・ハウザー」の現実の観衆（読者）
```

図6-4　メタローグ・フェーズ

4節　物語という暴力あるいはパロディ？

1　「物語」という暴力から

前述のとおり，「物語」の観点からいえば，「物語コミュニケーション」状況は「（現実の）作者」「内包された作者」「語り手」「（物語世界の）作中人物」「聴き手」「内包された読者」「（現実の）読者」などの「行為者」のカテゴリー群によって多層的に構成されるものとして把握できる。

このような「物語コミュニケーション」の観点を通してみたとき，「カスパー・ハウザー」をめぐる物語群の展開内容のうちに，どのような特徴を見出すことができるのであろうか。

a　定型化された「物語」への回収

まず，野生児としての「カスパー・ハウザー」および学術的モチーフとしての「カスパー・ハウザー」をめぐる物語群をふり返ろう。

この「カスパー・ハウザー」物語では，「社会化」の経験をもたずにこの世にあらわれた人物としてカスパーをみなすところから議論がスタートする。

したがって，どのようにして彼を当時の常識的世界に適応させていくか，あるいは常識的経験としての「社会化」の経験を彼にどのように補償していくか，といった認識の過程が自明の手続きとなっていく。

しかし一方で，戯曲「カスパー・ハウザー」や映画「カスパー・ハウザーの謎」などの「物語」のフェーズにおいては，「カスパー・ハウザー問題」は，「物語」における「語り」の問題として，「語り手」や「作中人物」「作者」「読者」などの「物語論」的カテゴリーを用いて「行為者」のカテゴリーに「置き換え(displace)」，たとえば「物語世界」における「作中人物」性の問題として再提示する試みが可能となる。

このような手続きを通してみると，野生児としてカスパー・ハウザーをとらえる手続きそれ自体を自明視してしまうことによって，「カスパー・ハウザー問題」の「物語」的構成における「作者」や「語り手」「聴き手」「読者」などの各「行為者」のカテゴリーによって構成される多層的側面がとらえきれなくなることがわかる。また，そこでは当該の問題の「専門家」は，常に「語り手」のポジションから「超越的解釈」(ジェイムソン, F.)を施行し，自身の「作中人物」性は問われないという特徴をもつ（ジェイムソン風にいえば，「超越的解釈」ではなく，「内在的解釈」の可能性こそが問われる）。

「カスパー・ハウザー問題」の「物語」的構成は，他者によって構成される「カスパー・ハウザー問題」の解決策をめぐる「物語」の定型性を明確化する。「カスパー・ハウザー問題」の，定型化された「物語」への回収＝認識の暴力。

たとえば「野生児カスパー・ハウザー」という「マスター・ナラティヴ」のヴァリアント（異本）として「カスパー・ハウザー」をめぐるさまざまな「物語」

b 自動化された認識作用の自省行為

次に，芸術的モチーフとしての「カスパー・ハウザー」，さらには映像テクストに描かれた「カスパー・ハウザー」をめぐる物語群をふり返ろう。

「野生児」としてのカスパー・ハウザーや科学的構成概念として組み込まれたカスパー・ハウザーと，芸術的モチーフとしてのカスパー・ハウザーとの，「物語」的構成の質をめぐる大きな違いは，それが「自己物語」（自己が語る物語）としてよりも，「他者物語」（他者が語る物語）としての「物語」展開を自覚化させている点に求められるのではなかろうか。

ここでいう「カスパー・ハウザー問題」の特徴は，「自己物語」の不在あるいはあいまいさによって，多種多様な「他者物語」が可能となるモチーフであることに求められる。

たとえば，「カスパー・ハウザー」の実体性についての早急な前提視は，「カスパー・ハウザー問題」の「物語」としての認識それ自体の成立を困難にするのに対して，芸術的モチーフ化に伴う，たとえば「異化」効果によって，「物語」性認識のための「距離化」が可能となる。

しかし，一方で，たとえ「カスパー・ハウザー問題」の「物語」としての認識が促されるにしても，「自己物語」としての「カスパー・ハウザー」と「他者物語」としての「カスパー・ハウザー」という二重性の問題は問題として残り続ける。つまり，「他者物語」であるものを「自己物語」の水準において認識するにとどまるか，2つの水準を混同しやすい。われわれが前提視している自動化された認識作用の自省行為として「物語」性の認識があるとすれば，その自省行為を可能にするだけの，さらなるフレーム認識の装置が要求されよう。

そこにこそ，先ほどふれた映像テクストの存在理由を見出すことができるのではなかろうか。というのは，「観衆（読者）」とテクストとの「メタローグ」的経験は，この多層的フレーム認識の基礎を提供するものではないかと考えられるからである。

また，ここでは，誰が「カスパー・ハウザー問題」の犯人か——を問う素朴なリアリズムではなく，「カスパー・ハウザー問題」に何らかのかたちでかかわる各「行為者」はすべて，「カスパー・ハウザー」物語世界の「行為者」のカテゴ

リーとしてどのように参加するか，その参加の様態が問われるのである（たとえば，解釈されるだけのポジションとしての「カスパー・ハウザー」という認識も，ここでは相対化されうる）。

たとえば，「カスパー・ハウザー」を追う旅のなかで，楠田枝里子は，映画「カスパー・ハウザーの謎」をめぐるエッセイの中に，次のような記述を残している。

> 本当の話はこの北の町から始まるのだが，それがわからない，とカスパーは嘆いた。私にはこの北の町と，カスパーにとってのニュルンベルクとが，折り重なって見える。……カスパーも，取り巻きたちも，いや今に至るまで多くの人々が，始まり以前の物語を捜すばかりだった。……そしてブルーノ（カスパーハウザー役）もやはり自分の舞台の幕が切って落とされる，始まり以前の物語を，長いこと見つけようともがいていたに違いない[25]。

ここには，映像テクストを媒介としつつ，「物語世界」における「作中人物」の多層性を，「観衆（読者）」の想像力が発掘あるいは再構成する（重ね合わせ，変形する）ことによる「物語世界」への参加の様態の一例が示されているのではなかろうか。

2 「アイロニー」の戦略あるいは「パロディ」というジャンル

a 「アイロニー」の戦略

ノースロップ・フライ（Frye, N.）は，「物語」構造には4つの基礎構造がみられるとしている。①ロマンティック，②コミック，③トラジック，④アイロニックの4種類である[26]が，「カスパー・ハウザー」をめぐる多種多様な物語群には，それぞれの基礎構造をもった各「物語」の多様な展開がみられる。

たとえば，「野生児」としての「発見」は，「発見」前の「トラジック」な境遇や5年後の刺殺という「トラジック」なライフストーリーに結びついていくし，「発見」後の周囲の人間との関係における「コミック」なやりとりや，「ロマンティック」な「教育」可能性への期待の「物語」をよび込んだ。人間の「物語」可能性の多様な展開をみせている。

また，何よりもその存在が人間社会にとっての「アイロニック」な出来事として語られ，想像力を刺激する格好のモチーフとなった点はさらに特徴的である。

ブラウン（Brown, R.）によれば，「アイロニックであることは，自分自身の存在そのものが矛盾であると意識していること」[27]を意味している。

もちろんカスパー・ハウザー自身が自己の存在様態に自覚的であったということではなく，他者物語としての「カスパー・ハウザー」物語にさまざまな「アイロニー」をみることができるということである。

また，ブラウンは，「弁証法的アイロニー」という戦略を提唱し，「弁証法的アイロニーによる超越は，事物があるがままとは異なることを想像する能力，現在を脱現実化する能力を，その前提として要求する。弁証法的アイロニーの力を介して得られる反対命題を前面に呼び出すことが，道徳的自由と想像力の基盤」であり，「意識の諸形態をすべて相対化して同等だとみなすことによって，弁証法的アイロニーは，いっさいが象徴的構築過程であること，いっさいが歴史的なものであること，そしてまた，他のものより究極的に優越したものは存在しないことを明らかにする」ものと議論している。結果として，「反ダブルバインド」の方法として，「状況に固着した視座や自我を解放し，状況への距離化を保証し，広範かつ柔軟な理解可能性への途を拓く」ことになるものと期待する[28]。

この「弁証法的アイロニー」の観点に立つと，単なる「アイロニック」な「物語」構造を「カスパー・ハウザー」物語の内に見出せるというだけでなく，「カスパー・ハウザー」物語の内容論的特徴として，たとえば「社会化」といった観点を自明視した子ども観に対する「反対命題」の提示による「弁証法的アイロニー」の展開の可能性を胚胎したモチーフとしての「カスパー・ハウザー」の特徴があぶり出されてくるのではなかろうか。それは，前述のドラマテクストや映像テクストにおける「ダイアローグ」あるいは「メタローグ」といったコミュニケーション形式の内容論的特徴の提示でもある。

　b 「パロディ」というジャンル

ハッチオン（Hutcheon, L.）によれば，「パロディ」は「批評的距離を保った反復（模倣）」[29]である。また，「二つのテクスト間の形式的あるいは構造的関係」「テクスト間の対話の一形式」「受け手に課せられた『推理の散歩』の一例」などとして「パロディ」というジャンルをとらえることができる[30]。

また，ハッチオンは，「パロディ」の接頭辞「パラ」の二重の意味（「反」と「傍」）を説明しつつ，「パロディ」的精神を，他の類似した概念としての「アイ

ロニー」的精神および「風刺」的精神との異同を検討することによって，相互の密接な関連を示しつつ，その「意図／解釈の範囲」を明らかにしようとする。先ほど述べた「アイロニー」との関係をみると，両者は共通項を多くもちながらも，「アイロニー」がテクスト内で機能するのに対して，「パロディ」はテクスト間で機能する点で異なるとしている[31]。

「カスパー・ハウザー」をめぐる物語群は，すでにみてきたように，複数のテクスト，「異本」群を数多く生み出しているというだけでなく，文書による記録やドラマ，映像などさまざまな形式のテクストとして書きかえられてきた点を特徴としている。したがって，先ほどの「アイロニー（弁証法的アイロニー）」への可能性だけでなく，テクスト間の関係を問うジャンルとしての「パロディ」というジャンルを導入・設定することは，「カスパー・ハウザー問題」へのひとつの有効なアプローチとなりえるものと思われる。

たとえば，野田秀樹によって書かれた現代日本版「カスパー・ハウザー」物語ともいえる戯曲「小指の思い出」は，「カスパー・ハウザー」物語の「パロディ」化の，ひとつの可能性を示すものとして興味深い（なお，この舞台の記録はヴィデオ収録されており，映像テクスト化されている）。戯曲（シナリオ），その原作（小説），舞台（演劇），その映像記録[32]。これらのテクスト間の関係（対話）もまた興味深いものであるが，それ以前に，先行する「カスパー・ハウザー」をめぐる物語群＝複数のテクストとの関係（対話）が「パロディ」のジャンルを明確化する。

かつて，ホドロフスキー（Jodorowsky, A.）が映画「サンタ・サングレ（Santa Sangre）」(1989) において，フロイト的エディプス劇を「パロディ」化し，同時にパゾリーニ（Pasolini, P.）を，またヒッチコック（Hitchcock, A.）を，そして自らを多層的に「パロディ」化した作品を仕上げたように，野田秀樹は「カスパー・ハウザー」をモチーフに，ひとつであると同時に複数の「パロディ」テクストを残した。

また，ヒリス・ミラー（Hilliss Miller）が簡潔に述べたように，われわれは「ホモ・シグニフィカンス（意味づける動物）」であるがゆえに「物語」を必要とし，また「肯定的な文化創造機能」として「『同じ』物語」を繰り返し必要とすると同時に，「物語」はわれわれを「なんらかの形で，満足させないから」，常に新たな「物語」を求め続ける[33]。

「パロディ」というジャンルは，その「同じ」であると同時に「新たな」「物語」のあり方という〈両義性〉を，より徹底し，自覚化した形式であるといえるだろう。

また，ホワイトとエプストンは，「構成主義(constructivism)」の立場から心理療法における物語的手段(「物語モデル」)の有効性を議論するなかで，「問題の外在化」という考え方を提出した。「『外在化』とは，人々にとって耐えがたい問題を客観化または人格化するよう人々を励ます，治療における一つのアプローチである」[34]。彼らは，問題を提出する人々の人生や経験の「問題のしみこんだ描写」すなわち「ドミナント・ストーリー」の「再著述」「再ストーリー化」による「オルタナティヴ・ストーリー」の創生による「治療」の可能性を論じている[35]。

この考え方は「パロディ」というジャンルの考え方とごく近いところにある。というのは，ひとつの「ドミナント・ストーリー」への固着を逃れて，複数の「オルタナティヴ・ストーリー」の可能性を示す「問題の外在化」(「距離化」)は，「パロディ」を成立させる条件でもあるからである。

注
1) Bal, M. *Narratology: Introduction to the Theory of Narrative*. University of Toronto Press, 1985, p.3.
2) ジュネット,G. 花輪 光訳『物語のディスクール 方法論の試み』書肆風の薔薇，1972/1985，p.22.
3) ジュネット,G. 和泉涼一訳『物語の詩学 続・物語のディスクール』書肆風の薔薇，1983/85，p.19.
4) Fisher, W.R. *Human Communication as Narration*. University of South Carolina Press, 1987.
5) ジュネット,G. 前掲訳書，p.17.
6) Bruner, E. "Ethnography as Narrative." In Turner, V.& Bruner, E.(eds.) *The Anthropology of Experience*. University of Illinois Press,1986, p.145.
7) Chatman, S. *Story and Discourse*. Cornell University Press, 1978, pp.19-20.
8) フォースター,E. 米田一彦訳『小説とは何か』ダヴィット社，1927/1969，p.10.
9) Chatman, S.,op. cit.
10) Prince,G. *Dictionary of Narratology*. University of Nebraska Press, 1987, p.42.
11) イーザー,W. 轡田 収訳『行為としての読書』岩波書店，1976/1982，p.59.
12) Prince, G., op. cit.
13) Polkinghorne, D. *Narrative Knowing and the Human Sciences*. Suny, 1988, p.

161.
14) フォイエルバッハ, A. 中野善達ほか訳『カスパー・ハウザー』福村出版, 1832/1977, p.7.
15) ジング, R. 中野善達ほか訳『野生児の世界』福村出版, 1942/1978, p.10.
16) マルソン, L. 中野善達ほか訳『野生児』福村出版, 1964/1977, p.126.
17) 宮城音弥編『岩波心理学小辞典』岩波書店, 1979, p.33.
18) ミッチャーリッヒ, A. 小見山実訳『父親なき社会』新泉社, 1963/1988, p.173.
19) 種村季弘『謎のカスパール・ハウザー』河出書房新社, 1983, p.148.
20) ヴェルレーヌ「(穏やかな孤児の私は……)」窪田般弥編訳『フランス詩体系』青土社, 1989, pp.393-394.
21) ハントケ, P. 龍田八百訳『カスパー』劇書房, 1967/84, pp.10-109.
22) 岩淵達治監訳「カスパー・ハウザーの謎」『映画芸術』Vol.347, 1984, p.101. なお, この映画の原題は, Jeder Für Sich und Gott Gegen Alle (「誰もが自分のため, 神は万人の敵」)。オリジナル全長版が, ヴィデオとしても入手できる (東映ビデオ株式会社製作, TE-B804)。
23) Fisher, W. R., op. cit., pp.85-98.
24) 小岸 昭『欲望する映像』駸々堂, 1985, pp.219-220.
25) 楠田枝里子『青いサーカステントの夜』新潮社, 1989, p.40.
26) Frye, N. *The Educated Imagination*, Indiana University Press, 1964, p.114.
27) ブラウン, R. 安江孝司訳『テクストとしての社会』紀伊國屋書店, 1987/1989, p.282.
28) 同書, pp. 278-282.
29) ハッチオン, L. 辻 麻子訳『パロディの理論』未来社, 1985/1993, p.16.
30) 同書, pp.51-52.
31) 同書, pp.119-151.
32) 野田秀樹『小指の思い出』而立書房, 1984;『当たり屋ケンちゃん』新潮社, 1983;『劇団夢の遊眠社ビデオシリーズ・小指の思い出』Sony music entertainment, 1986.
33) ヒリス・ミラー「物語」大橋洋一ほか訳『現代批評理論』平凡社, 1990/1994, pp.149-180.
34) ホワイト, M. & エプストン, D. 小林康永訳『物語としての家族』金剛出版, 1990/1992, p.59.
35) 同書, pp.100-259.

(瀬戸知也)

7章　音声データ分析と会話分析

1節　はじめに

　もしファーブルが人間ではなく昆虫だったとしたら、『昆虫記』を書くという作業はどんなものになっただろうか。昆虫のファーブルにとってその生態を書くことは自分たちの営みを描写するのだから簡単だ、とするのもひとつの考え方だ。しかし、自分たち自身の日々のふるまいの意味や構造を見出すのははたして簡単なことなのか、自分が対象と同類であることはむしろハンディとなるのではないか、と考えることもできる。そもそも、ふだん何の疑いもなく行っていることを改めて対象化するということ自体トリッキーなことだ、と。

　家庭や学校での諸々の人間の営みを研究する者は、「昆虫のファーブル」の立場にある。研究対象である社会の成員と、彼は同類だからである。とりわけ、日常的な営み、たとえば人々が日々刻々交わす会話に焦点をあて、その意味や構造を探ろうとする者は——。

　研究方法としては、会話分析はシンプルなものである。とくに用意しなければならない道具も、厳密に従わなければならない手順も、ほとんどない。しかしその際多かれ少なかれ、われわれには態度の変更が要求されるだろう。自らを「昆虫のファーブル」の身におくという変更が——。

　会話分析とよばれる研究法にはさまざまなタイプがあり、目指している地点も同じではないだろう。ここでは、会話を研究の素材として扱おうとするときの、データへの対し方や分析の仕方、研究のなかで直面する問題などについて、自分自身の研究をモデルケースとしながら紹介したいと思う。その作業のなかで、「会話データとは何か」「会話分析とはどういう営みか」といった問題も検討されることになるはずだ。

2節　研究事例から

　私が最初に会話を研究対象としたのは，電話相談を題材とした修士論文を書いたときだった。ここではまず，同じ事例を再分析した「子ども電話相談における類型化の問題」[1]という論文をなぞりながら，会話分析という研究方法について考えたい。

1　問題設定

　相談に注目した研究は従来からあったが，それらは必ずしも相談を相互行為として分析したわけではない。分析の主な対象は相談内容であり，それを切り口として現代社会の問題状況を浮き彫りにすることをねらいとしたりした。それに対して，社会化に関心をもち，その具体的な様態を探りたいと考えていた私にとっては，会話のかたちをとる相談の過程こそが重要であり，子ども―大人の相互行為のあり方が主要な関心となっていた。

　以上の問題意識のもと，協力が得られた電話相談室の相談事例について次のような観点から分析した。

(1) 相談者およびその発話は，相談員によってどう意味づけられ，相談者のおかれた状況はどのように定義づけられるのか。

(2) 子ども―大人の相互行為場面として，社会化の過程として，相談という営みがどのような形式をとるのか。

2　データについて

　この研究でデータとした相談事例は，1984年に地方自治体が設置する青少年センターで行われた電話相談でのものである。データ収集は，相談員にテープを渡し録音してもらうという手続きをとった。事例数は52例，時間にしてのべ4時間弱である。相談者の内訳は，男女ほぼ同数，年齢層は10歳～18歳で，年齢が推定できないケースが15例あった。また，データ事例ではほとんど全ケースで本人が相談に参加している。

　問題意識からすれば，相談過程をあまさず収録したデータが不可欠である。その点で相談員の協力が得られ，こうしたデータを入手することができたのは幸運

であったが，留意点もある。研究者が依頼した後，相談員自身が実施・録音した相談事例であるから，データが通常の相談のあり方とまったく同じであると想定することはできない。また，各ケースの相談者には了解を得ていないので，調査に関し倫理的な問題が残るだろうし，調査データの公開については細心の注意を払う必要があろう。

　また，会話分析においては，音声データそのものではなく，それを文字化（トランスクリプション）したものを用いるが，この作業は後に述べるようにきわめて重要である。記録された音声データのなかから文字化する部分をどう仕分けるか，発話者や発話をどう表記するか，発話のイントネーションや強弱，発話間／発話内の間やオーバーラップをどう表現するかなど，研究者には多くの選択肢があり，トランスクリプションという名のデータ構成はけっして機械的な作業ではない。会話分析の立場によっては，何がデータかについてまるで違ったとらえ方をするかもしれない。これから会話分析をしようという人には，ぜひこの作業をいとわずやってほしい。どのような目的で会話を分析するにしろ，トランスクリプションをすることによって，素材―データ構成―分析の関係が自覚化できるし，観察者―分析者としての自己を観察する機会となるからである。

3　理論的背景

　社会化の過程をみようとするときに，家庭や学校での日常的な相互行為ではなく，電話相談という特殊な相互行為場面に注目したことは，あるいは奇異に思えるかもしれない。しかし，電話相談は相互行為場面として以下のような特異性をもつため，研究者にとってはデータとしていくつかの点で好適なのである。すなわち，その場の構成員は原則的に互いに匿名で面識がなく，相談員には相談者個人に関する予備的情報が与えられていない。それゆえ相談が成立し進行するためには，相手が何者かを確認したり，相談者がどんな状況におかれているのかを定義したりする場面が必然的にあらわれる。とりわけ，相談者に対する類型化は重要である。多分にあいまいで多義的な"悩み"を主題とする相談においては，相談者を何らかのかたちで類型化することによってはじめて，相談者のおかれた状況も類型性をおび，操作可能となるからである。

　それゆえ電話相談においては，家庭や学校での相互行為場面では顕在化しにくい，社会化にかかわるモメントがみやすいといえる。また，お互いに関する予備

的情報がなく,両者が共有する私的な知識がほとんどないため,データとなる相互行為場面において背景的知識の確認や文脈の修復などの作業が明示的にあらわれてくるという意味で,当事者と研究者との認識論的位置が近いとも考えられる。

さて,相談者へのカテゴリー化[2]/類型化[3]にとくに注目したのは,社会化と役割との関係についての私なりの問題意識があったからだった。社会化は,いわゆる「役割取得」と関連づけられることが多い。しかし,役割という概念がある個人がおかれている社会関係の一局面に対応するひとまとまりの行為パターンを意味するなら,いうまでもなく個人は単一の役割しかないわけではない。したがって,ある個人が社会の成員としてやっていくためには,ある役割を個別に習得するだけでは十分ではなく,複数の役割のいわば「乗り換え」を習得しなければならない[4]。

大雑把ないい方をすれば,われわれは「役割を遂行」する以前に,「役割群を運用」しなければならないのである。具体的な場面におろしていえば,ある状況に直面したとき,その場面をどういった類型性のもとに眺め,自らをどういった存在として経験すべきかを伝達し,また学習する機会がなければならない。子ども電話相談における類型化という契機に注目することで,そうした問題に関する手がかりが得られるかもしれないと考えたのである。

ところで,会話という質的データを分析する場合にも,頻度など量的な指標を手がかりとすることは有益である。ただ,多様性・多義性をもつ会話を分析する際には,相互行為に関する既成の分類・指標をあてはめる前に,どういった分類が可能か,事例の性格からしてどんな指標が重要か,自らの問題意識を確認しながら試行錯誤を重ねるのも迂路ではないように思う。会話データをめぐるそうした試行錯誤の一例として,この研究で行った分析をできるだけオリジナルに沿って紹介しておく。

4 分　析

a　類型化の形式について

相談者に対する類型化は相談過程においてどのようにあらわれるのだろうか。電話相談の各会話においてなされる類型化の選択主体/手続きに注目していくつかのパターンに整理することができる。データ事例から数例をあげて説明しよう。

【事例1】

S（相談員）：はい，電話相談です。
C（相談者）：S市の者なんですけど，S市の者でも相談していいんですか↑
（↑はのぼり調子の発話を示す）
S：え，いいですよ。
C：いいですか↑あのー中学生なんですけど，あのなんか私だけがこういう気持ちなるのかわかんないんだけども……中間テストで学年1位で，そいでそういうのがみんなの間に広まって……

【事例2】

C：あのー，男の子にモテるにはどうしたらいいんですか↑
S：あ，どうしたらいいんでしょうね。あなたはどういう人なのかなあ。
C：あのー，なんか短気なんです。

【事例3】

C：あ，あの相談したいことがあるんですけど……えっと，え，名前言うんですか↑
S：あのー，学校はどこ↑
C：あの，M中学校です。
S：はい……名前は……何年生↑いいわよ，名前言いたくなきゃ。
C：あ，じゃ名前だけ，ユカです。……えーと悩みごとは，えとあたし……

【事例4】

C：あの，今お父さんとお母さんが離婚して困っているんですけど，どうしたらいいんですか。
S：あなたは何人きょうだい↑
C：2人です。　……
S：あなたは誰と住んでるの↑

【事例5】

S：あなた本当に中学生↑
C：本当だよ。
S：そう，バカに子どもっぽい声出したから，また小学生だからおねしょしたのかと思ったけど中学ならもうそういうことがあるのよ。

表7-1 類型化様式の選択主体／手続き

主体／手続き 類型化様式	相談者自身		相談員	
	(a)明示的自己規定	(b)相談内容に潜在	(c)限定的問いかけ	(d)直接的類型化
A 性別	3	6	2	4
B 年齢	1		3	1
C 学校段階	12		29	16
D 成績		3	1	1
E 家庭環境	1	3	7	2
F 友人関係		10	6	
G 異性関係		14	1	
H 性格	3		1	13
I 職業			1	
J 地域	2		1	
K 外見		1	1	
L 才能			2	1

　データ事例にみるように，相談者に対する類型化の様式が選択され導き出される主な形式は4つある。相談者自身によるものとして，(a)明示的な自己規定による場合（事例1，2），および(b)相談内容に潜在する場合（事例1，2）。相談員によるものとして，(c)限定的な問いかけによる場合（事例3，4，5），および(d)直接的類型化の場合（事例5）である。表7-1は(a)〜(d)の各手続きをとる類型化について，その様式ごとの生起頻度を示したものである。

　これは相談過程において相談者のどういった側面が問題となるのか，また相談員は子どもをどういった類型によって把握しがちであるのか，といった点に関する1つの指標となる。たとえば，(1)〈学校段階〉という様式による類型化がとくに多く出現し，それが主に相談員によって，「何年生？」といった限定的問いかけによって導出されているといった点，また類型化主体ごとの頻度でいえば，(2)〈学校段階〉〈家庭環境〉〈性格〉といった様式が，相談者自身によるものより相談員による選択がとくに大きいものとして注目される，といった点が確認できる。

　とはいえ，これらの数値がそのまま相談における各々の類型化様式の重要性に対応するわけではないし，相談員がもつ類型化図式に合致するわけでもない。たとえば〈性別〉〈年齢〉の出現頻度は圧倒的に低いが，そうした情報が問題とならないわけではないし，把握されていないわけでもない。前者は，明示的な類型化手続きがなされるまでもなく，声や話し方などによって推測され，後者は「学校段階」と対応づけることで把握されうる。また相談員による類型化行為の生起

頻度についても，相談者に対する相談員の見方・関心といった局面をみようとするとき，それは必ずしも指標として適当ではない。相談員が自らある類型化様式を選択するというより，相談内容自体がその類型化を要請するかもしれないからである。

　b　類型化の妥当性について

　4つの類型化手続きのうち「相談員は相談者としての子どもをどう意味づけるのか」という論点に照らして重要なのは，もちろん相談員による類型化である。この研究では，こうした類型化をカテゴリー化様式の選択行為としてとらえ，その"妥当性"を，サックス（Sacks, H.）のいう「カテゴリー化問題」[5]という視点から検討した。

　サックスによれば，ある状況で成員に対してカテゴリー化が行われたとき，それが「再構成可能（reproduceable）」であるためには，2つの基準が満たされねばならない。付与されたカテゴリーと現実との対応づけによる適切さの基準と，そのカテゴリーが属するカテゴリー化様式選択の適切さの基準である。彼が指摘するように，ある成員に対して常に2つ以上のカテゴリー化様式が使用可能である。それゆえ相互行為過程において，ある個人がたとえば「女性」として類型化されたとき，"彼女"が本当に「女性」かどうか確認しそのカテゴリーの正確さを判定する以前に，そもそもその場面で，選択された〈性別〉という類型化様式が適切かどうかという問題が存在するはずである。ところでその適切性の根拠は，選択された当のカテゴリー自体に内在するわけではないから，観察者が成員の行ったカテゴリー化に接近するためには，それが生起した相互行為過程において跡づけられねばならない。

　以上の観点から，相談員が相談者に対して行った類型化への接近可能性を検討しよう。先にあげた事例を手がかりに，カテゴリー化をめぐる相互行為系列のパターンが整理できる。相談員による相談者のカテゴリー化が，〔Ⅰ〕相談者から相談内容を聞いて，それに対応するかたちで行われた場合（事例4），〔Ⅱ〕それを説明的に根拠づける発話を伴ったり，その後の相談過程に直接寄与するかたちで行われた場合（事例5），〔Ⅲ〕上記〔Ⅰ〕，〔Ⅱ〕のいずれの形式もとらず，その根拠が相互行為過程において跡づけられない場合（事例3）[6]である。類型化行為をめぐる以上の系列パターンのうち，〔Ⅰ〕〔Ⅱ〕の場合，われわれは相互行為過程において相談員の類型化行為に接近可能である。それゆえ，〔Ⅰ〕また

は〔Ⅱ〕の条件を満たす類型化は"形式的に了解可能"である。しかし，この2つの場合は観察者にとって同等の資格で了解可能であるわけではない。というのは〔Ⅰ〕の条件を満たす類型化系列は，そのカテゴリー化様式の選択を再構成する方法を特定することが可能になる（それゆえ"reproduceable"である）が，〔Ⅱ〕の場合はそうではないからである。〔Ⅱ〕の条件はただ，〔Ⅲ〕の場合では顕在化しない，成員によるそうした類型化様式の選択に関する何らかの説明が，それが生起した相互行為内に跡づけられる（その意味で"accountable"である）という点でのみ観察者にとって了解可能なのである。

以上の条件を判定基準とし，データ事例にみられる相談員の類型化の生起パターンを，やはり各様式ごとに表7-2に示した[7]。

相談者に対する類型化は相談という営みが進行するために不可欠であるが，多様な社会関係に対応した複数の類型化様式が可能であるという論点をふまえるとき，それはニュートラルな行為ではありえない。成員にあるカテゴリーをとくに選んで付与するということは，彼が有しあるいは帰属するさまざまな側面・多様な社会関係から，1つの側面・関係性を抜き出すことであり，他の局面をさしあたり捨象することである。シュッツ（Schutz, A.）によれば[8]，類型化はそれを行う者の「利害関心」「関連性体系」に結びついており，いかなる問題との関連性において対象を眺めるかによってその様式も違ってくる。言いかえれば，顕在化した類型化行為は，行為者の「関連性体系」の表現であり指標であると考えら

表7-2　相談員による類型化行為への接近可能性

系列パターン／類型化様式	条件〔Ⅰ〕 reproduceable	（〔Ⅰ〕かつ〔Ⅱ〕）	条件〔Ⅱ〕 accountable	条件〔Ⅲ〕 unaccountable
A　性別	2	(3)	1	
B　年齢	4			
C　学校段階	18	(8)	11	8
D　成績	1	(1)		
E　家庭環境	3	(1)	5	
F　友人関係	5	(1)		
G　異性関係		(1)		
H　性格	5	(6)	3	
I　職業	1			
J　地域				1
K　外見	1			
L　才能	3			

れるのである。しかし，こうした論点を具体的な相互行為場面の分析におろそうとするときには注意が必要である。相互的に達成される会話における類型化の場合は，それを行う成員の利害関心・関連性構造を何らかのかたちで反映するとしても，さまざまな位相があるからである。

　相談過程において出現した相談員による類型化の頻度は，相談員の見方や関心にそのまま対応するわけではない。相談者による状況規定が，相談員のそうしたかたちでの状況規定を導き出すかもしれないからである。とはいえ，この場合でも相談員は相談者の状況規定を無視し，あるいは直接対応しないかたちで自らの状況規定を行ってもよい。その意味では条件〔Ⅰ〕を満たす類型化も，一定の関心を反映しているといえる。これに対して条件〔Ⅰ〕を満たさない類型化行為は，相談者としての子どもに対する際の相談員の関心，関連性構造をより直接的に反映していると考えることができる。こうした指標で相談員による類型化様式の選択を眺めるとき，表7－1でもみられた相談員による類型化の〈学校段階〉〈家庭環境〉といった様式への収斂(しゅうれん)という傾向は，より明確にみてとることができよう。

　ところで条件〔Ⅱ〕を満たす類型化の場合，相手の相談者による状況規定に直接対応してはいないものの，類型化行為を（説明的にではあれ）根拠づける発話を伴っている。これに対してこの条件を満たすことのない系列パターン〔Ⅲ〕の類型化行為は，先の判定基準をとる観察者にとっては，あたかも相談過程において孤立しているように映る選択行為であり，相談員の関心や関連性構造を反映するといっても〔Ⅱ〕の場合とはまた違った様相をもつ。われわれは，相互行為過程においてその生起を根拠づける系列を伴わないこうした類型化の形態を"説明"の偶然的な欠如として考えることはできない。相手による状況規定に対応しているわけではなく，明示的な説明としての発話を伴うわけでもないこうした類型化形式はむしろ，それが自明視されている——とりたてて説明の必要がないものと想定されている——とみることができる。この条件〔Ⅲ〕に関して表7－2が指示するのは，きわめて明確な傾向である。データ事例における類型化様式は，ここでの妥当性基準をとるとき，ほとんど唯一〈学校段階〉だけがカテゴリー化様式選択行為としての根拠を相互行為過程内で観察者が跡づけることができないのである。

　ここでは，いわゆるマクロな局面がミクロな相互行為場面へ影響を及ぼす場合

は，目に見えるアイテムとしてあらわれるのではなく，逆にある種の〈欠如〉として現象してくるように思える。

さて，分析の焦点を〈学校段階〉という類型化様式にしぼることにしよう。ここまでみてきたように相談過程においては，相談者に対して，類型化様式としての〈学校段階〉は特権的である。相談過程において出現する類型化様式としての圧倒的な頻度により，またそれが必ずしも相談者自身による状況規定に対応していないということにより，加えてその際，類型化様式選択の"説明"的な根拠さえ伴わない場合が存在する（その意味でルーティン化している）ということにより，それは特権的といえるのである。

5 結論へ

論考ではこの後1つの事例をとりあげ，その全体の流れを追いながら，特権的な類型化様式としての〈学校段階〉が，相談過程においてどのように運用され，また具体的処方に結びつくのかを検討したが，そのうえで以下のように結論づけた。

相談という営みは，具体的処方が得られるかどうかにかかわらず，相談者が悩みをうちあける場であり，また相談員の受容・示唆を通じての自己発見の場であると考えられる。子ども電話相談はまた，社会化の過程としての色あいを強くおびた相互行為場面であるが，その過程において，相談者である子どもに対する類型化の様式が一定の方向へ収斂し，またそのことが相談者のおかれた状況の再定義および処方に結びつくかたちで運用されるとしたら，それは子どもにとってどういった場になるだろうか。相談過程において子どもは，主に「学校組織のある段階にいる者」として類型化される。相談員によるそうした類型化は，必ずしも子どもによる状況規定に対応したものではなく，また相談過程のなかでは根拠づけられない場合さえある。そうした意味でルーティン化した子どもに対する把握様式が，相談過程全体を規定していくとすれば，相談者としての子どもはそこで，「学校段階に位置づけられた者」としての自分を（再）発見し，またそうした存在として自らを経験すべく方向づけられることになる。自己表現・自己発見の場としての相談という営みはそのとき，「学校教育への回路」としての局面をもつことになるのである。

ところで，先に定式化した類型化の"妥当性"は，類型化行為を根拠づける系

列が相互行為過程において跡づけられるか否かという形式的基準によるものであり，そうした方法論をはなれて，学校や教育に一定の関心をもつ者として眺めれば，〈学校段階〉という様式によるルーティン化した類型化もまた，了解可能となる。「学校組織のある段階にいる者としての子ども」という類型化の特権的な選択と運用も，たとえば「受験体制」「学校化社会」とよばれる現代の社会状況に照らせば，別の意味で妥当性をもつかもしれない。しかし，それが生起した相互行為において根拠づけられなかった類型化が，現代の社会制度の特定のあり方といった"大状況"において根拠づけられるとすれば，それは電話相談という場が，ルーティン化した類型化を分有する観察者をも含み，学校化しているということを示唆するのである。

3節 「会話から」から「会話へ」へ

1 会話という対象

　以上の問題設定―分析―結論にみるように，私がこの研究を進める際に抱いていたイメージは，電話相談というミクロな相互行為場面が，マクロな社会のあり方を何らかのかたちで反映しており，学校や家庭が抱える問題へアプローチする通路としてあるのではないか，というものだった。これは，教育学者・社会学者が会話データに接近しようとする場合，少なからずみられる態度であるかもしれない。しかし，これは会話への1つの対し方にすぎない。またそもそも会話分析を行う場合に，〈ミクロ―マクロ〉という図式を用いる必然性があるかどうかと問う余地もあろう。

　会話分析にもいくつかのタイプがある。重要な区分の1つは，会話を何ものかへの通路と考えるか，会話それ自体を研究対象とするかである。意外かもしれないが，会話のあり方そのものを探ろうという研究者はむしろまれである――社会学者のみならず言語学者においてさえ。会話研究者の大半は，個々の会話においてあらわれているはずの社会構造や文法構造に関心があるのである。理念型としての文法構造の不完全なあらわれ，社会制度という確固としたものを背景とした，不確かで偶発的な表出物――そうした扱いを会話はしばしばされるように思う。日々絶え間なくつむぎだされる会話が，文法なり社会構造なりの，不完全な，あるいは不確かな反映にすぎないかどうかは検討するに値する論点だろう。

会話への研究態度で私が決定的に重要だと思うのは、先にふれたサックスが創始したものである。彼は会話を、いわゆる「マクロな社会構造」や「社会問題」を研究する際の糸口として扱おうとはしなかった。むしろ日々生起する会話を、われわれが他者とともに生きる生活様式として、われわれが経験し構成していく、どこにも欠けたところのないそれ自体十分な「社会」として扱おうとした。それゆえ、会話データに対して、その背後にどんな社会構造があるかという行き方ではなく、そもそもそれぞれの会話が成員によってどうつくられ、どのように読みとられるか、という問題意識が向けられていた。

われわれは、ある会話や社会的場面に対したとき、たやすく、瞬間的に、その意味を読みとる。しかし、そのことをわれわれがどんなふうに行っているかをつきつめ、その具体的な手続きを提出した社会学者はほとんどいない。われわれは、そうした作業のなかでこそ、われわれの「社会」をつくっているはずなのに、である。

図7-1を見てほしい。これを見て、われわれはそれがどんな場面であると思うだろうか。

講義のなかでこのマンガを紹介したところ、学生たちは全員即座に、それが「不倫」を描いたものだと答えた。実際にはありえない組み合わせの、フィクションとしてではあるが、しかしわれわれはそうした意味をどのように生み出したのだろうか。ここには「不倫」という言葉は出てこない。登場人物に会ったこともないし、その人となりや背景も知らない。にもかかわらずわれわれは、小さな断片からでもたやすく即座にそう解釈する。

サックスが明らかにしたのは、われわれのそうした解釈の手続きであり、日常会話者がその会話を構成―再構成する際に互いに用い

図7-1　会話への意味付与
（出典：ボビンチョ浅田「禁じられた黄昏に」『週刊プレイボーイ平成7年2月21日号』集英社）

ているしかけ（「成員カテゴリー化装置」など）である。この事例を説明しようとすれば，たとえばこうである……。

　登場人物が使った「夫」というカテゴリーは，単独で意味が完結するものではなく，「妻」などと合わせて〈夫婦〉というカテゴリー化装置を構成する。もちろん，{お母さん，お父さん，子ども……}などからなる〈家族〉など他のカテゴリー化装置も存在するが，1つのカテゴリーだけで適切な言及となりうる（経済性ルール）。いい方をかえれば，複数の可能性のなかから，ここでは〈夫婦〉というセットの「夫」というカテゴリーが選択されたのである。また，はじめにある人物に対して1つのカテゴリーが用いられると，別の人物に対しても，その装置のなかからカテゴリーを選ぶことが妥当となる（一貫性ルール）。以上のルールによって，不在の人物に対して「夫」という言及をした女性は「妻」と解釈され，会話の相手は「夫以外の男性」と了解される（「子ども」にみえるとしても，女性が不在者について「夫」というカテゴリーで言及し，〈家族〉という装置を選ばなかったことにより，両者を「親子」としてみる可能性はほとんどなくなる）。「成員カテゴリー化装置」は，会話に対するわれわれの意味付与の，シンプルかつ強力な道具である。本来ならそうした解釈をためらわせるような人物間にも，一瞬に，いやおうなく「不倫」という関係を読みとらせるのだから。

　また，あるカテゴリーは特定の活動と結びつけられている。夫と一緒ではない「妻」が「夫以外の男性」と泣きながら話すという活動が観察された場合，その相手は単に「夫以外の男性」というだけでなく「不倫相手」と考えることが妥当となる。カテゴリーに結びついた活動というとらえ方は同時に，このマンガのおかしさの素材である。「5歳の幼児」というカテゴリーと「喫茶店でブラックコーヒーを飲みながら人妻を口説く」という活動との組み合わせのおかしさは，データに内在するものというより，カテゴリー運用という，われわれが用いる手続きの結果なのである。

2　サックスの問題圏

　サックスが提出した分析概念はこのように，日常生活者がふだんの会話において用いている分析装置そのものである。もちろん自分たちが用いるその「装置」にわれわれはわざわざ名前をつけはしない。が，たしかにそれを使用している。サックスが再構成しようとしたのは，会話の背後にあるはずの何ものかではなく，

単にそこで行われていることである。このことは，意外にも他の多くの会話研究者と彼を厳しく分ける点である。

たとえば，幼児が「赤ちゃんが泣いちゃった。お母さんが抱き上げた。(The baby cried. The mommy picked it up.)」というお話をするのを耳にしたとしよう[9]。データとしては短いものだが，日常会話者も研究者もこれについてさまざまな考察ができるだろう。

サックスがこの素材について行った一連の「観察」はとてもユニークだ。①「赤ちゃん」を抱き上げる「お母さん」は，その赤ちゃんの母親であるように聞こえる，②およそ英語を母国語とする人ならその多くもまたそう思うはず，と確信する，③「お母さんが赤ちゃんを抱き上げた」のは「赤ちゃんが泣いた」からである，というように聞こえる，④赤ちゃんの母親こそが赤ちゃんを抱き上げるべき人物であり，そして赤ちゃんが，母親ではないかと思われる誰かに抱き上げられたのなら，それは母親である，と想定する，⑤以上のことはすべて，話題となっているのがどんな赤ちゃんで，どんな母親なのかを知らなくても，推論することが可能な事柄である，等々である（注意深くもとの文章をみれば，これらの観察の根拠となるものはデータ自体には存在しないことがわかるだろう）。

ここで展開されている分析はデータについての観察のようにみえて，実は徹底してそうした"原データ"に接したときに，そこに何をサックス自身が読みとるか，どのような意味を構成していくのか，ということについての観察になっている。そして論文ではそれに続いて，その読みとりが，どのような手続きで，いかなる装置を用いてなされるのかを自己記述的に構成していく。先にふれた成員カテゴリー化装置やその関連規則，また系列化規則などは，その過程で抽出された，日常会話者としてのサックスが用いたと想定された"手続き"を社会学者サックスが"記述"したものなのである[10]。

こうした彼の姿勢は初期の論文から一貫しており，他の会話分析にはあまりみられないものである。たとえば，言語学の立場からの会話分析は，会話がそのまま言語の構造を示す直接的データとなるし，社会学者が会話を扱うときには，データからの研究者自身の読みとりを，そのまま論証の道具としたり，自らの発見物としたりする。結局，会話データについての自らの理解の総体を，日常生活者が用いる方法についてのデータとし，自己記述的に，再構成可能なかたちで定式化していこうとする彼の会話分析は，あまたの類似物とは異なる独特なものであ

る。

　会話分析は以前から社会学で用いられてきた方法だが，会話を厳密な意味で社会学のデータとするための基礎はできていない。そもそも会話が社会学のデータとして使用可能かどうか，使用可能だとしたらどのような基礎づけが行われなければならないか，についてまるで検討されてきていない。使用方法や使用の適否については考慮しても，会話が社会学するためのデータとして使用可能であること自体を疑っていないという点では，社会学者も日常生活者という素人の社会学者とまったく変わらない。——サックスは会話に対する社会学の態度についてそんなふうに考えていたように思う。その意味で，初期の論文「社会学するための会話データの使用可能性に関する最初の検討」は文字通りの「最初の検討」であり，それ以後の研究もこのきわめて野心的なタイトルに沿って忠実に進められていく。

　電話相談に関する研究を進めながらサックスの論文を読み，実際にそこで展開されている「成員カテゴリー化装置」や「カテゴリー化問題」などを援用しておきながら，私はその時点では，彼の「問題」をまったく引きついでいなかったことになる。

3　会話分析という対象

　現在私が研究対象としているのは，「会話分析」である。ここでいう会話分析とは，会話を観察し—記述し—定式化する，といった会話者自身による一連の営みのことである。サックスを読み直したり，とくに幼児がかかわる会話に関して研究を進めるなかで浮かび上がった問題領域は，つまり日常生活において刻々となされる日常生活者自身による会話分析のあり方なのである。

　研究者だけでなく会話者自身も日常的に会話分析をしているという主張はなじみがないものかもしれない。しかし考えてみてほしい。われわれは，会話のちょっとした断片を偶然耳にするときでも，会話分析（会話ならびにその形式構造に関する観察—記述—定式化という一連の作業）を行っており，どこからどこまでがひとまとまりの発話であるか，それらのつながりが適切なものであるか，また各々の発話がどんなメンバーによるものかといった事柄をほとんど無意識的に分析しているはずである。

　たとえば，混み合った電車に乗りあわせたときのことを思い出してほしい。窓

の外を眺めたり新聞に目を落としたりしていても，聞くとはなしにさまざまな会話が耳に入るだろう。そのなかで，ときにとても違和感のある話し声がないだろうか。私の場合その多くは，誰かが携帯電話で話しているときのものである。相手の発話がまったく聞こえず，にもかかわらず支障なく進行しているようにみえる会話は，それを耳にする者にとっては大きな違和感があるのである。これは発話内容に関する違和感ではなく，会話の形式に関する違和感であり，たとえば発話の順番取り（turn taking）など，会話構造への観察―分析を常にわれわれが行っている証左ではないだろうか。会話をするということは，それと表裏一体の作業として〈会話分析〉を伴っているはずだ。

　会話に関するこうした「感触」を，実は私は会話データのトランスクリプションという作業のなかで得ていた。先にふれたように，音声データを繰り返し聞き，それを文字化する作業はとても重要である。そもそも，この作業を自分でせず，誰かによって作成されたトランスクリプトをデータに会話分析をしようとするのは，他人のフィールドノートで文化人類学の研究をしようとするようなものである。参与観察という技法が必然的に，フィールドのなかで変容する自己の観察に行き着くように，トランスクリプションという営みも，会話データを理解し記述しようとする自己の観察へとわれわれを導く。

　会話の録音テープを聞く。誰が何を話しているのかを文字化していく。聞きとれない箇所，意味の通らない発話に何度も戻り，推測を働かせ，トランスクリプトを完成する――会話を何ものか（たとえば「マクロな社会状況」や「社会問題」）への通路と考え，研究を進めるのならば，原データと向かい合うことをここでやめてもいいかもしれない。しかし，人々の相互行為のかたちとしての会話そのものへ目を向けるとすれば，むしろこの後が問題だろう。

　トランスクリプトが完成してからも，繰り返しテープを聞いてみてほしい[11]。何が話されているかがわかった後も，実は「謎」はいっこうになくならない。面識がなく予備知識もほとんどない人々が話しているこの会話を，私はなぜ理解できると思うのか，姿が見えないにもかかわらず，なぜたとえば子どもと大人との相談として聞きとれるのか，あるいは，そもそもこの音声データをなぜ会話として，相互行為として聞きとることができるのか――会話研究にとって最も基本的な課題の1つはこうして，なぜ音声データからわれわれは「会話」を再構成できるのか，また，なぜ他の社会成員に再構成可能なかたちでわれわれは会話ができ

るのかを明らかにすることかもしれない。

4 会話分析という技法

「会話から」という態度と「会話へ」という態度に導かれた研究は，もちろん両者とも重要であるが，その境界はどのようなかたちになるだろうか。会話データから「マクロな社会状況」や「社会問題」の証拠や痕跡をさがし出そうとする方向と，会話そのものへ向かおうとするあり方とは，互いにどんな関係にあるのだろうか。

両者の関係はときにあいまいで，ときにまったくないようにもみえるかもしれないが，おそらく通底しているはずだ。会話のあり方が解明されないうちに，会話データを〈社会〉を読み解くための，ゆるぎない根拠とみなすことはできないだろう。厳密にいうならば，具体的な会話において〈社会〉の痕跡を析出しようとする研究は，〈会話という社会〉の分析が終わった地点から始まるのではないだろうか。

具体的な研究態度でいうならば，会話データから何を引き出すべきかをあらかじめ決めており，音声データの聞き方，文字化の仕方，用いるべき分類や指標についても，その枠からのみ選ばれるのなら，会話という対象はひからびたものにならざるをえない。「会話へ」という態度を選んだとしても，われわれの分析はたやすく会話の多様性・多義性を捨象してしまうかもしれない。われわれが日々行っている会話は，もっと豊かな対象であるはずだ。

われわれは日々会話をしながら，しかしその構成について十分に理解しえていない。また，日常生活者のみならず会話をデータに用いる研究者も，会話の構成について理解しえていないことに気づいていない。つまり先にあげた「謎」は，謎として意識されていないのである。自らを「昆虫のファーブル」の身におくという要請は，ここからくる。

最後に"〈社会〉を読み解く技法"における会話分析の位置づけについてふれておきたい。会話分析という手法は，あるいは，社会に関するさまざまな分析の1つの選択肢——ときに有用かもしれないが，不可欠とまではいえない質的調査法の1技法——と考えられているかもしれない。しかし私自身は，会話分析はもう少し大きな役割をになっていると信じる。先に述べたように，〈社会〉を読み解くためには，人々の日々の営みとしての会話という「社会」に関する分析と理

解が不可欠であると思うからである。

注
1) 阿部耕也「子ども電話相談における類型化の問題」『教育社会学研究』第41集，東洋館出版社，1986，pp.151-165.
2) 会話において社会成員相互になされるカテゴリー化に注目した社会学者にサックスがいる。彼の会話研究の全体像については，Sacks, H. *Lectures on Conversation*. Vol.2, Blackwell, 1992 を参照。
3) この概念については，シュッツが具体的なかたちで論じている（たとえば，中野　卓監・桜井　厚訳『現象学的社会学の応用』御茶の水書房1964/1980）。彼による類型化は，日常生活世界の構成全体に関与する広い概念であるが，ここでは会話において社会成員に対して行われる明示的な類型化に限定する。すなわち，サックスが扱っているようなカテゴリー化の1種ととらえ，"類型性（一定の社会関係に媒介され，社会的に認知されたそのカテゴリーについての知識）を伴ったカテゴリー付与"として使用する。
4) 役割に対するこうしたとらえ方には異論があるかもしれない。役割はその都度のその状況で付与あるいは強制されているものであって，諸個人が選択可能（あるいは選択しなければならない）といった性格のものではない，という考え方もありえよう。しかしもしそうなら，たとえば「役割葛藤」「役割距離」とよばれる事態は別のかたちでの概念化を受けねばならないし，そもそも個人のおかれた社会関係に対応した諸々の行為パターンに対して，役割という概念装置で探究する意義は大きく減ずることになるだろう。
5) サックスは，ある対象についての記述が完結することはありえず，どういった記述様式をとるか，どこまでにとどめるかといった選択の根拠は，対象の客観的性質のなかにあるわけではなく記述者の関心のあり方にあるとし，これを「エトセトラ問題」と名づけた。「カテゴリー化問題」はこうした論点を，会話場面における，社会成員に対する記述の問題として再定式化としたものと考えられる。
6) もっとも，とりあげた部分だけでは条件〔Ⅲ〕かどうかは確定できず，前後の系列を追う必要がある。相談事例はその多くが，データとして切りとった場面で完結した相互行為であるということも分析上有利な点である。
7) ここで行った種々のカテゴリー化は，それ自体カテゴリー化問題を免れてはいない。
8) シュッツ，A．前掲訳書，とくに pp.208-277.
9) Sacks, H. "On the Analyzability of Stories by Children." In Gumpertz, J.J. & Hymes, D. eds., *Directions in Sociolinguistics : The Ethonography of Communication*. Holt, Rinehart & Winston, 1972.
10) 自己記述的再構成という方法論については，以下の著作に詳しい。清矢良崇『人間形成のエスノメソドロジー——社会化過程の理論と実証』東洋館出版社，1994.
11) これは実は危険な作業である。内容が理解できた後も何百回もテープを聞き続けていると，次第にそれが普通の会話ではないように感じられてくる。私の場合はまず，生身の人間同士の会話ではなくテープレコーダー自体が話しているように聞こえ始め，次いで，会話という生き物自身が声色を使って話しているように

聞こえてきた（これは一種の幻覚かもしれないが，現在の私は，会話自身が会話をしているという聞こえ方はある意味で根拠のないものではないと思っている）。こうした経験は人をきわめて不安定にする。もしここまで試みるならば，体調や精神状態がよいときに行うことを勧める。

(阿部耕也)

II部
質的調査の可能性

8章　社会的構成物としての調査
――「よそ者」論の視点から

1節　はじめに

　さまざまな社会現象にアプローチする方法として，社会学の領域でも「質的調査法」がますます重視され，その技法が，多様な視点から洗練されつつあることはいうまでもない。さまざまなフィールドに出向き，そこで営まれている社会生活を直接に観察し，データを収集し，そこから，重要な社会学的知見を導き出すという研究スタイルは，質問紙を使ったアンケート調査などに比べると，社会現象により肉薄しているという印象を，たしかに与えるであろうから，このような方法に対する期待が高まるのも納得できることである。

　もちろん，社会学が，社会現象を，よりリアルに，そしてより客観的に明らかにするという使命をもっている以上，その研究方法の1つである「質的調査法」の具体的なノウハウが蓄積され，より精緻化してきていることは歓迎すべきことであるし，実際，本書の諸章は，それをさまざまな角度から検証する意図で書かれているのである。しかし本章では，このような方法論自体の精緻化の方向とは若干異なる視点から「質的調査法」を吟味してみたい。というのは，「質的調査法」が実際に，上に述べたような学問上の期待にこたえるべく洗練されなければならないとすれば，そこに蓄積されている諸技法それ自体の吟味だけでは必ずしも十分でないと考えるからである。

　本章では，社会調査，とりわけ質的調査を適切に行うにはどのようにすればよいか，という問題意識をいったん留保して，そもそも社会調査とはどのような社会的活動なのかという視点から，質的調査を検討する1つの道しるべを提供したいと思うのである。

2節　問題設定

　宮本常一の『忘れられた日本人』という本に，「子供をさがす」と題されたな

8章　社会的構成物としての調査

にげない小品がある。この文章は、「共同体の制度的なまた機能的な分析はこの近頃いろいろなされているが、それが実際にどのように生きているか。ここに小さなスケッチをはさんでおこう」[1]というさりげない表現から始まる。そして、周防大島の小さい農村で起こった些細な出来事が淡々と語られる。その出来事というのは、おおよそ次のようなことである。テレビを買ってほしいという小学1年生の男の子に、親がいろいろな理由をつけて買ってやらないために、近所の家にあるテレビを見に行った。母親が山から帰ってみると、子どもがいないので、娘に男の子を呼びにやらせた。テレビを見ていた男の子はすぐ帰ってきたが、母親が「いくらいってもいうことをきかぬような子は家の子ではない」と叱った。すると子どもは黙って外に出ていった。ところが、夕飯時分になっても子どもが戻ってこない。祖母がたいへん心配して、おろおろと大きい声で孫の名前を呼びながらさがし歩いたので、村の人たちも気づいてさがし出した。9時すぎに父親が所用先から戻ってきて、この出来事の経緯を聞き、あてもなくあたりをさがしたがどこにもいない。そこで家に帰ってみると、表の間の戸袋の隅のところからひょっこりと出てきたのである。子どもにしてみれば、家の人をちょっと心配させてやろうという気でそこに隠れたが、大騒ぎになって出るに出られなかったというわけである。子どもが見つかったということで、さがしに行っていた村の人たちが戻ってきた。その人たちの話を聞くと、とくに指揮する人がいるわけでもないのに、村の放送を聞いて、それぞれの人が、山畑の小屋とか、池や川のほとりとか、子どもの友だちの家とかにさがしに行ってくれていたという。つまり、申し合わせてもいないのに、たいへん計画的に捜査がなされていたのである。このような事実に対して、宮本は次のように述べている。

　　ということは村の人たちが、子供の家の事情やその暮し方をすっかり知りつくしているということであろう。もう村落共同体的なものはすっかりこわれ去ったと思っていた。それほど近代化し、選挙の時は親子夫婦の間でも票のわれるようなところであるが、そういうところにも目に見えぬ村の意志のようなものが動いていて、だれに命令せられるということでなしに、ひとりひとりの行動におのずから統一ができているようである。

　　ところがそうして村人が真剣にさがしまわっている最中、道にたむろして、子のいなくなったことを中心にうわさ話に熱中している人たちがいた。子供の家の批評をしたり、海へでもはまって、もう死んでしまっただろうなどと

いっている。村人ではあるが，近頃よそから来てこの土地に住みついた人々である。日ごろの交際は，古くからの村人と何のこだわりもなしにおこなわれており，通婚もなされている。しかし，こういうときには決して捜査に参加しようともしなければ，まったくの他人ごとで，しようのないことをしでかしたものだとうわさだけしている。ある意味で村の意志以外の人々であった。いざというときには村人にとっては役にたたない人であるともいえる[2]。

筆者はこの部分を読んで，非常な興味を覚えた。というのは，この文章の後半部分に出てくる人たち，つまり，この事件に対してあれこれ論評はするが，けっして子どもの捜査に加わろうとしない人たちが，一方で，社会現象を客観的に明らかにしようとしてさまざまな調査方法を駆使してアプローチしようとしている調査者たちと，こころなしかダブってみえたからである。筆者にとっては，この印象があまりにもリアルであるだけでなく，およそ調査という行為そのものの根底を支えている，調査者と調査対象との社会的関係の様態をはからずも示唆しているように思えたのである。そのような様態は，調査技法というレベルの問題というよりはむしろ，社会的行為としての調査というレベルの問題にかかわるものといってよいだろう。そして，この部分こそ，本章が検討の対象としたい質的調査の「方法論的問題」なのである。

3節 「よそ者」としての調査者

さて，以上のような問題意識を探究するための素材として，シュッツ(Schutz, A.)の有名な論文「よそ者——社会心理学的一試論」[3]をとりあげて検討してみたい。この論文は，「本論稿は，よそ者が自らの接近する社会集団の文化の型を解釈しようとする場合，およびその社会集団内で自分自身を方向づけようと試みる際に，自分自身を見いだす類型的な状況を，解釈の一般理論によって考察しようとするものである」[4]という文章で始まっている。この「自らの接近する社会集団の文化の型を解釈しようとする」者を，彼は「よそ者」という言葉で表現し，そのような人物類型を，「われわれの生きている時代と文明を構成している成人した個人が，自分の接近する集団に永続的に受容されようとするか，あるいはまた少なくともその集団に容認されようと試みる者」[5]と定義している。シュッツは，このような人物類型があてはまる例として，「移民」「閉鎖的なクラ

ブに加入しようとする者」「結婚相手の女性の家族に認めてもらいたいと欲している未来の花婿」「大学に入学する農家の息子」「田舎の環境で暮らそうとする都市住居者」「新興都市に移動する軍需産業労働者の家族」などをあげている。同時に，考察の対象から除外しているのは，「集団と単に一時的な接触をもとうとする訪問者とか客人」「子供とか未開人」「異なった文化段階に属している個人間や集団間の関係」などである6)。

写真8-1　シュッツ，A.

　ここで筆者が，シュッツの「よそ者」論をとりあげたのは，社会調査をする人物が，どのような専門的な調査技法を駆使して社会現象を記述しようとしたとしても，その人物が，調査者であるがゆえに必然的に背負わざるをえない人物類型というものが存在していると思うからである。もちろん，シュッツが「よそ者」の典型と考えているのは「移民」であり，表層的には，社会調査の方法論的問題とはかかわりのない論考のようにみえるかもしれない。しかし，ある集団と接触を試みる人物が遭遇する，認識論上の，あるいは実践上の典型的な問題を明らかにしているという点で，彼の論点は，社会的行為としての調査というレベルの方法論的問題という，本章の関心と密接に関連しているものなのである。

　そこで，次のような問いを立ててみたい。つまり，社会調査を試みる者が，調査対象となっている人々の集団に接近する場合，そのような行為は，シュッツがいうところの「よそ者」という人物類型にあてはまる行為なのか，そうでないのかという問いである。もちろん，通常の調査では，調査者が，調査対象となっている人たちの社会の一員となることはまれであるし，そこに生活する人たちと通婚するなどということも，ほとんど考えられない。しかし一方で，その集団の具体的な活動にけっして加わることがないにしても，まずもってその社会を「よく知る」ことを目的としてそこに赴く調査者の姿は，その社会に外から入り込むことを余儀なくされた「よそ者」としての立場とかなり似かよったところがあるように思えるのである。言いかえれば，そのような立場の限界を越えて，その社会の活き活きとした活動——シュッツの言葉では「集団生活の文化の型」——を理

解しなければならないという課題をもたざるをえない者としての立場である。

　ところが他方で，社会学者としての調査者は，その集団の私心のない観察者なのであって，おのずから，調査対象としている集団内で生活する人々が経験する社会的世界そのものとは異なる視点で，それを科学的に記述しようとするのである。むしろそのような客観性を維持し，科学的記述をするのに十分な情報が得られる程度に，調査対象となっている人々とかかわるだけでよいのであるから，その集団に「永続的に受容されよう」としたり，その集団に「容認されよう」と意図する必要はないのである。このような意味では，「よそ者」というよりはむしろ「集団と単に一時的な接触をもとうとする訪問客とか客人」としての調査者という類型を考える方が適切であるように思えるであろう。

　このように，調査者という人物類型が，「よそ者」にあてはまるものなのか，そうでないのかという問いは，一見すると簡単に答えられるようで，なかなか微妙な問題をはらんでいるのである。むしろ筆者にとっては，調査者が「よそ者」であるようにもみえるし，そうでないようにもみえるという印象をもったという事実の方が重要なのである。つまり，上述した宮本の文章に出てくる「論評する村人」の存在から筆者が感じた非常な興味の内実は，自らが接近しようとしている集団の人々の社会生活を，その人々と同じように「よく知ろう」とする課題と，それを科学的に記述しようとする課題との間に生ずるギャップが示唆されているということ，そしてそのようなギャップの，専門的な処理のさまざまな試みというものが，社会調査方法論の議論そのものなのではないかという点に思いいたったということなのである。

　ここで，次のような場合を想定して検討してみよう。ある集団の社会生活の様態に関心をもっているある調査者が，その様態を，できるだけそこで生活している人々の実際の経験を大切にしながら，リアルに明らかにしようとするため，実際にその集団が生活している場所に赴き，人々と語り合い，彼らの生活を可能なかぎりともに体験しようとしているとしよう。また一方で，そのような様態を，社会学者として，社会学の理論という文脈から意味づけ，対象となっている人々の経験の諸相からは思いもよらないレベルで，それらの様態を位置づけようとしているとしよう。

　ここで確認しておかなければならないのは，社会調査を試みる人物は，彼が量的な調査を試みる場合であれ，質的な調査を試みる場合であれ，この2つの課題

を，程度の差こそあれ，無視することはできないということである。参与観察などの場合はもちろんのこと，大量のサンプルを対象としたアンケート調査の場合も，そのアンケートの質問項目を作成する段階で，対象となっている集団の社会生活に関するかなりの知識がすでに蓄積されていないと，「適切な」質問項目を作成することができないだけでなく，その統計的な結果を「適切に」解釈することも非常に難しいということである。また一方で，社会学者として，彼が収集したデータをそのまま報告するだけでは，社会調査としては十分ではない。程度の差はあれ，彼は社会学の理論，あるいはそれまで蓄積されている研究成果から導き出されるところの何らかの「仮説」を「検証する」という目的で，そのようなデータを収集したはずである。そうでなければ，彼のデータ収集は焦点が定まらず，一貫性のない断片的なものとなってしまうであろう。つまり，社会調査を試みる人物は，彼がどのような種類の専門的な調査技法を駆使するかにかかわらず，多かれ少なかれ，対象となっている集団の人々の社会生活を「よく知る」という課題と，それを科学的に記述するという課題の両方を遂行しなければならないということなのである。

　以上のことを確認したうえで，まず，第一の課題であるところの，対象としている人々の社会生活を「よく知る」という課題を遂行しようとするとき，調査者がどのような問題に直面するのかという点を検討してみたい。

　シュッツによれば，ある集団で社会生活を営む人々にとって，その生活を支配している習俗，法，習慣，価値判断，制度や動機づけの体系など——つまり「文化の型」——は，知識として「(1)整合性に欠け，(2)部分的にしか明晰でなく，(3)矛盾から全面的に解放されてはいない」[7]という特性がある。これは非常に重要な指摘である。というのは，ある集団における，人々の生活を支配している諸々の事柄が，そこで生活する人々自身によって，その集団に属していない人物が十分に納得できるようなかたちではっきりと表現されることが，本質的に不可能であるということを示唆しているからである。仮に，その集団の構成員に，その集団の習俗，習慣，価値意識などを直接に聞いたとしても，そこで得られるさまざまな言葉は整合性に欠け，必ずしも明晰でなく，互いに矛盾していることの方が普通であろうし，むしろ，そうであることがきわめて重要なのである。というのは，そのような特性は，その集団の歴史の伝統によって支えられたところの，整合性，明晰性，一貫性をもっているからである。そして，そうであるからこそ，

その集団を構成する人々がそこで生活するうえで，欠けるところのない十分な知識を構成しているのである。厄介なのは，そのような知識の「十分さ」を体験できるためには，その集団の「活き活きした歴史的な伝統」[8] を共有していなければならないということである。この点で，調査者は「よそ者」と，その課題を共有することになる。つまり，その集団の歴史を共有していない人物として，その集団の活き活きとした生活をどのように体験し理解すればよいのかという，かなり困難な（そしておそらくは絶望的な）課題である。言いかえれば，その集団の「歴史をもたない人」[9] という点で，調査者は「よそ者」と，同じ穴のムジナなのである。

このようなことは，私たちも日常的に体験していることであると思われる。ある集団の会話によそ者として参加しようとするとき，その集団の過去のこまごまとした事実を，知識としてもっているだけではなく，ともに体験して，そのときにいっしょに喜んだり，悲しんだり，笑ったりしていないと，何ともいいようのない疎外感を味わうという経験は，具体的な状況をいちいち指摘しなくとも，1度や2度は誰もがもっている思い出であろう。そのような体験は，まさに，ある集団のことを「よく知る」ということが，単に知識の共有のレベルではなく，経験の共有のレベル——つまりシュッツのいうところの「歴史の共有」のレベル——に深くかかわっていることを示しているのである。

おそらく，調査者は——彼が非常に誠実な研究者であり，その集団の社会生活を，必ずしも十分な信頼性があるとはいえない社会学的な概念で，乱暴に記述してしまうようなことがけっしてできないタイプの人物である場合にはなおさら——「よそ者」と同様に，その集団の実際の生活をよく知ろうとすればするほど，その生活の様態を，生活として体験することと，それを観察と解釈の対象にすることとの間に横たわる深い溝を感じざるをえないことになるだろう。というのは，そこで要求されていることが，自分の今までもっていた集団生活に対する知識のみを変えるというなまやさしいことではなく，「まさに自分自身を変容」[10] しなければならないという課題だからである。つまり彼は，その集団「に関する認識者」から，その集団「の中での行為者」になることを要求されているのである。

通常の社会調査では，調査者が，対象としている集団にとって「よそ者」であり，その集団の歴史を体験として共有していないために，せいぜいその集団の「現在」と，場合によっては「未来」を共有することができる可能性が与えられ

ているだけであるという論点は，それほど深刻な問題とはならない。社会学者として社会調査を試みる人物は，ほとんどの場合，その集団の「現在」の実態を把握しようとしているだろうし，そのような「現在」の様態を，社会学的に記述すること，そしてその記述結果を，できることならその集団のよりよい「未来」のためにいかすことができればと考えることが多いだろう。また，そのような集団の「現在」を知るためには，可能なかぎりその集団の過去の歴史に関する知識を収集することが，その集団の「現在」の適切な把握にとって重要であり，そうすることで，社会調査がより信頼できるものになると考えることもあるだろう。ところが，奇妙なことであるが，社会調査の方法論議において，対象としている集団の「現在」の様態に関するデータを，いかに客観的に収集するかという点に関するノウハウはかなり高度なレベルまで蓄積されているように思われるが，その集団の「現在」を適切に把握するために，その集団の「歴史」を知ることが重要であるという視点に導かれた，その集団の「活き活きとした歴史的な伝統」を，部外者である調査者が，そのようなハンディを越えてどのように理解すればよいのかという点に関するノウハウについては，ほとんど問題とされていないように思えるのである。というのは，多くの場合社会学者は，対象としている集団と同一の社会のメンバーであるから，その集団の歴史の共有という点で，それほど深刻なハンディを負ってはいないという思いがあるからだろうし[11]，異文化間の比較を試みるような調査の場合などでも，そこで問題となる「歴史」とはせいぜい「知識としての歴史」であって，そのような歴史の，体験としての共有が，その集団の社会生活の活き活きとした理解にとって不可欠であるという視点からアプローチされるべき「歴史」というものに関する論点が，社会調査の適切な遂行にそれほど重要なものではないという前提が安易に共有されているからだと思われる[12]。

このような前提のおかげで，社会調査を試みる人物が「よそ者」という人物類型にあてはまる側面を無視することができるし，そうすることで，その集団を「よく知る」とはどういうことなのかという根本的な問題を問うことをせずに調査を実施することができるし，その集団の生活を活き活きと体験するためには，その集団の生活のなかで自分自身を変容させなければならないという，かなり重い課題を回避することができるし，その集団の「活き活きとした歴史」が込められているところの，その集団の「言葉」の使用——そこにはその集団で生活する

人々の喜びや悲しみがたくさん詰まっているのであるが——に対する鋭敏な感受性を養うという課題も回避できるし、そのような諸々の言葉と自ら使用する専門用語との間の断絶にそれほど苦しむことなく、専門とする社会学の概念世界に自足することができるし……等々、数多くの利点が生まれてくるのである。

　ここで筆者は、現在さまざまに行われている社会調査の方法を批判しようとしているわけではない。また、調査対象となっている集団の活き活きとした歴史を共有する努力が、望ましい社会調査のあり方につながるという提言をしようとしているのでもない。そうではなく、量的であれ、質的であれ、社会学者が自ら採用する社会調査の方法において、「よそ者」としての調査者という視点から導き出される、今まで述べてきたような諸論点に、彼がどのような態度をとるのかということが、彼の選択した調査方法のかなり重要な部分を決定することになるだろうということであり、そのような枠組みで社会調査を検討することが、調査というものが1つの社会的行為であり、そこには特有の日常性の文脈があるという視点に私たちを導くということを指摘したいのである。

4節　「訪問客」としての調査者

　さて、以上のような「よそ者」としての調査者という視角から明らかになった、「活き活きとした歴史の体験としての共有」という論点に対して、そのようなことは社会学者の専門的な仕事の範囲外にあるという思いをもつ人たちの方が、あるいは多いかもしれない。また、対象となった集団の歴史の「体験としての共有」などはもともと実行不可能な課題なのであって、むしろ調査者は、専門的な社会学者として、収集したデータの客観的な記述に関心を集中するべきであるという考え方も、かなりの説得力をもつものであることは否定できない。しかし、そう考えたところで、問題がすっきり割り切れるというわけではないのである。そこで本節では、先に指摘した調査者の2つの課題のうちのもう1つ、つまり対象とした集団の社会生活に関するデータを、社会学者として科学的に記述するという課題について、今までの議論の文脈を受けながら考えてみたい。

　ここでまずとりあげたいのは、シュッツによる次のような指摘、つまり、「よそ者は、自分が接近する集団の文化の型に関する観念を自分の故郷集団の解釈図式の枠内で見出すが、その観念は私心のない観察者の態度にねざして」[13]いると

いう事実である。社会調査を試みる社会学者にとって，社会調査の方法というものは，いうまでもなく社会学者集団によって承認されているものか，あるいは承認されることを望んでいるものである。彼にとって社会学者集団は，シュッツのいうところの「故郷集団」であって，社会学の理論や蓄積されている研究成果は，彼にとって故郷集団の「解釈図式」であると考えてよい。しかし，このような一見すると当然とも思える事実は，想像以上に社会調査の本質に関連する諸問題を提起するのである。

　　　よそ者が故郷集団の内で抱いていた異郷集団についての既成の光景は，それが異郷集団の成員の応答ないし反応行為を喚起するのがねらいで形成されたものではないというただそれだけの理由からしても，それに接近しているよそ者にとってそれが不適切であることが明らかになる。そのような既成の光景が提供してくれる知識は，異郷集団を解釈するための単に手軽な図式としてのみ役立つのであって，二つの集団間の相互作用の案内としては役立たない。それの妥当性は，第一次的には，異郷集団の成員と直接的な社会関係を確立する意図のない故郷集団の成員たちの合意に基づけられている。……したがって，この種の知識は，いわば隔離されているのである。すなわちそれは，異郷集団の成員たちの反応具合によって検証することも反証することもできないものなのである。それゆえ，異郷集団の成員たちは，このような知識を……反応がなく，責任を問われたりすることもない知識だとみなし，その知識のもつ偏見や偏向や誤解に対して不満を表明するのである[14]。

この文章に出てくる「よそ者」が調査者であり，「故郷集団」が社会学者集団であり，「異郷集団」が調査対象となっている人々の集団であり，「知識」が社会学における専門的な概念図式であるという読みかえがもし可能であるとすれば，シュッツのこの文章は，社会的行為としての社会調査の様態をかなりリアルに指摘しているものとして理解することができるだろう。そしてここに出現している，「異郷集団の成員と直接的な社会関係を確立する意図のない」成員という人物類型は，まさに，先に指摘したような「集団と単に一時的な接触をもとうとする訪問客とか客人」として調査に赴く調査者を描写しているとも考えられるのであって，このような「訪問客」としての調査者を考える方が，私たちのもっている調査者に対するイメージに近いような印象をもつかもしれない。

　ところがそうすると，次のような論点が浮かび上がってくる。つまり，調査者

が，収集したデータを専門的な用語を駆使して科学的に記述するとき，そのようにして得られた知識は学問的な知識としては承認されるかもしれないが，調査対象となった人々の活き活きとした社会生活に具体的にかかわりをもとうとする場合には，不適切なものになってしまうという事実である。このことを実感として理解するためには，次のような一連の問いを発してみればよい。社会学者として，調査者は，調査対象となっている人々と社会学の専門用語を用いて親しく語り合いたいなどと考えるだろうか。むしろ，そのようなことは無理だと思っているだろうし，そのようなことは必要がないし，自分の仕事でもないと思っているのではないだろうか。また，調査対象となっている人々が，社会学をもっと勉強することで，どんどん専門用語を学び，彼ら自身の社会生活を社会学的に理解することができるようになることが，彼らの生活をよりよいものにすることにとって重要だなどと考えるだろうか[15]。あるいは，社会学者としての調査者は，自らのプライベートな生活を，社会学的に記述し理解しながら日々暮らしているだろうか。むしろ，それが量的調査であれ，質的調査であれ，その調査結果を，調査対象に対して，調査に協力してもらったお礼としてとりあえず報告することはあるにしても，そのようなことで，そこで得られた知識が，その人々の生活にとって意味をもつということは，意外かもしれないが，ほとんどないといった方がよいのではないだろうか。

　通常，調査対象となった人々は，その親切心から，「よくわからないが専門の先生方がやっていることだし，とりあえず協力しよう」というような考えで調査対象となることを承諾することが多いだろう。あるいは，国勢調査の場合のように，「お役所がやっていることだから」と納得して協力するかもしれない。そして，その結果について関心をもつことはほとんどないといってよい。あるいは，調査対象となっている人々にとっても関心がある現実的な問題に関して，専門家として調査者が協力し，共同で調査が実施されることもあるだろう。その場合，その調査結果は，たしかに調査対象となった人々にも何らかの情報を与えることになるかもしれない。しかし，そのような結果が，社会学的に記述されるとき，そこで駆使される専門用語が，その人々の具体的な実践に活き活きと役立つかどうかというぎりぎりの局面になると，はたしてどうだろうか。むしろ，そのような協力的で積極的な調査対象に恵まれるだけでも幸運かもしれない。場合によっては，その調査結果に対して，対象となった人々が厳しいクレイムをつけること

もあるだろう。つまり，調査結果の記述が自分たちの生活を「誤解している」，あるいは「一方的で偏った理解である」，あるいは「無責任な描写である」などとして不満が表明されるというケースである。つまり，調査対象となった人々にとって，社会学者たちは，本気で自分たちの生活にかかわりをもつ気がない人たちなので，「自分たちのことをよく知りもしないのに勝手なことを言う」という思いがわき起こるとしても無理からぬことだし，社会学者たち自身も，そう思われることをかなり覚悟しているのではないだろうか16)。ここで前節で指摘しておいた「活き活きとした歴史の共有」という問題を思い起こしてほしい。そのような体験の共有がないと，その集団の社会生活を支配している「文化の型」が，「整合性に欠け，部分的にしか明晰でなく，矛盾から全面的に解放されていない」ようにみえてしまうということであった。社会調査の結果が対象となった人々の生活に関して「批判的な調子」をおびてしまうことが多いのは，そのような知識が，その集団の歴史を体験として共有していない「異郷集団」（社会学者たち）のなかのみで合意される性格のものだからである。

　このように，調査者が収集したデータを科学的に記述することによって得られる知識は，彼の故郷集団，つまり社会学者たちが，調査対象となった人々と直接にかかわりあいをもつことなく，その人々の社会生活を理解するための「手軽な図式」として役立つという，科学的な知識の妥当性とは別の，きわめて日常的な文脈というものによっても，その性質が決定されてしまうのである。このような意味で，調査者が産出する専門的な調査結果は，「隔離された」知識としての性格をもつにいたることになる。実際のところ，調査を実施しようとする社会学者は，その方法が社会学的に十分に客観的で妥当性のあるものかどうかに関心を払っているし，そうすることは専門家としてむしろ当然のことなのである。ところが，そのような信頼できる調査方法の洗練という作業への没頭や，社会学にとって多産な知見を提供する概念図式の錬磨と，それを支える量的あるいは質的データの蓄積という営み自体が，それによって生み出される知識の，対象となった人々にとっての「異郷性」を皮肉にも増幅することになるわけである。もちろん，たいていの場合社会学者は，自らが生み出す知識の「異郷性」に悩むことはないだろうし，むしろそのような「異郷性」こそ社会学の魅力であり，それが仕事だと思っているだろうし，そのような仕事の価値は，まさに社会が決めることであって，自分が自分の研究の価値についてそれほど重くかかわる必要はないという

思いで調査を実施し，それを研究成果として報告し続けていると思うのである。いうまでもなくこのような事情は無理からぬことであるし，このような態度をどう判断するかについては，社会学者それぞれの個人的な信条の問題となるだろう。しかし，少なくともいえるのは，このような態度であり続けるかぎり，調査者は，調査対象となった人々にとって，異質の世界に住み，よくわからない目的で一時的な接触をもとうと姿をあらわした「訪問客」であり続けるということである[17]。

5節　社会的構成物としての調査

しかし，以上のような調査という社会的行為の「異郷性」というものは，専門的な社会学者が実施するものにかぎったことではない。シコレルとキツセ (Cicourel, A. & Kitsuse, J.) は，「公式統計の使用に関するノート」[18] という重要な論文のなかで，ある社会にみられる逸脱行為 (deviant behavior) の発生率に関して，さまざまな組織体が提供する公式の社会統計を，社会学的にどのように使用したらよいのかを検討している。そして彼らは，そのような統計が，その組織体のなかでどのように生み出されるのかという問題関心から，それら公式統計に社会学的にアプローチするという視点を提案している。

　　我々を導く理論的な考えとは，次のようなことである。つまり，逸脱行為の発生率とは，何らかの行為を逸脱として定義し，分類し，記録する社会組織に属する人びとの諸行為によって生み出されるものであるという考えである。もしも，ある一つの行為がそのような人びとによって逸脱行為として解釈されないなら，我々が説明を試みるどのような統計データであれ，その中に一つの項目として現れることはないだろう[19]。

キツセらの主張の要点は，逸脱に関して生み出されるそのような統計というものが，その社会の逸脱行為の現実のあり方を反映しているというよりは，それを生み出す組織体が，逸脱行為をどのように理解し，分類し，記録したのかという，一連の社会的行為のあり方をむしろ反映しているという論点にある。このような視点は，本章の今までの検討の文脈に位置づけて考えるなら，次のようになるだろう。つまり，逸脱に関する統計データだけでなく，社会現象に関するさまざまな公式統計データというものは，対象となった人々（たとえば逸脱行為を行う人々）にとっては異郷集団であるところの，よき隣人を自認する近所の人々や，

お役人や，警察や，政府の審議会などの集団が，その人々をどうみているのか，あるいはその人々をどうみたいと思っているのかという「異郷性」の文脈のなかで，組織的に生み出されるという事実である。そして，量的調査によって生み出されたこのような統計データだけでなく，調査対象の人々とかなり緊密な接触を試みる質的調査の場合であっても，そこで生み出される調査結果が，対象となった人々にとって「異郷性」という性格をおびてしまうということが，本章が強調したい調査方法論の主要な部分なのであり，これが「社会的構成物としての調査」という視角なのである。

しかし，シュッツの「よそ者」論を素材として導き出された社会調査の「異郷性」という認識は，本章において，社会調査というものの「自己反省」という意味を込めて検討してきたわけでは必ずしもない。先に指摘したように，本章の議論は，さまざまな社会調査を批判するために行われているのではない。むしろ「異郷性」の認識が，社会調査，とりわけ質的調査のより多産な展開を考えるうえで，1つの有益な一里塚になると思われるからである。というのは，本章でいうところの「異郷性」のさまざまなレベルでの顕在化という問題関心が，最近の質的調査法の興味深い流れを形成しているからである。たとえば，本書のいくつかの章で論じられているところの，構築主義，羅生門的手法，会話分析，物語論といった質的調査の視点は，比較的大きな社会集団間にみられる日常的な解釈図式の「異郷性」だけでなく，同じ社会の成員同士の互いの社会的行為の解釈図式においても，その「異郷性」が，多様なレベルで多次元的に社会現象を構成しているという認識を底流において探究されているといってよいのである。そしてこのようなところに，量的調査にはみられない，質的調査の独特の魅力の1つがあると思われる。

しかし一方で，質的調査といえども，対象としている人々の社会生活をよりよく知るという課題を避けて通るわけにはいかない。そして，この点に関する理論的な議論が，必ずしも十分に納得できるかたちで進んでいるとはいえない状況なのである。たとえばシコレルは『社会学における方法と測定』という著書においてこの問題を正面からとりあげて検討しているが，彼はそのなかで次のように主張している。

　　フィールド調査のなかで調査対象者と会話をしたり，インタビュー場面で，構造化された，あるいは構造化されていない質問をしたり，質問紙調査をす

る時などに，科学的観察者がもし，彼の質問に対する調査対象者の回答に込められた意味を把握する必要があるなら，科学的観察者は，調査対象者が日常生活の中で使用する常識的構成概念を考慮しなければならないし，それは，彼の質問に対して調査対象者がどのような形態で回答を提示するかにかかわりなくそうなのである。……科学的観察者は，常識的構成概念に彩られた社会的対象という環境に導かれる行為者というモデルを提供するような理論を必要としているのである。観察者は，彼の理論や諸発見を秩序づけるために使用される科学的な諸原理と，彼が研究の対象としている行為者たちを理解するときに用いるところの常識的世界の諸原理とを区別しなければならない[20]。

　このようにしてシコレルはシュッツにならって，「社会科学の最初の課題は，人びとが日常生活のなかで経験を組織化するときに使用する基本的な諸原理の探究である」[21]という命題を採用することになる。この点にかぎっていうなら，彼の主張と，調査対象を「よく知る」という問題を重要な論点として提起している本章の議論とは，相通ずるものがあるといってよい。しかし奇妙なことに，これほど科学的な概念と常識的な概念とを区別する必要性を強く主張しているシコレル自身が，人びとが日常生活のなかで経験を組織化するという営みにアプローチする局面になると，それを「活き活きと体験すること」とそれを「科学的に記述すること」との間のギャップに，それほど問題を感じていないように思えるのである。むしろ本章の関心からすれば，とりわけ質的調査において，その調査対象となった人々のことを，彼らの日常生活のなかで「よく知る」という営みは，その集団の「活き活きとした歴史」にどのようなスタンスをとるのかということと密接にかかわる厄介な問題であり，それを調査方法論の問題として深く掘り下げることが必要なのではないかということになる。端的に表現するならば，現在の質的調査方法論の課題の1つは，その枠組みのなかに，日常的な歴史感覚[22]が著しく欠如しているということである。

　さて，ここでもう一度，冒頭の文章に戻って考えてみてほしい。「あれこれと批評しかしない村人」が，なぜそのような行動しかとれないのか。もしそのような人びとと調査者がダブってみえるとすれば，それはどうしてなのか。そうみえないとすれば，それはどのような理由からそう思うのか。宮本が「共同体の制度的なまた機能的な分析はこの近頃いろいろなされているが，それが実際にどのように生きているか……」という書き出しをしているのはなぜなのか。その村人た

ちの生活を理解するとはどういうことなのか。その村人たちの日常生活を支配している諸原理とはいったい何なのか。そしてそれを体験するということ，あるいはそれを知るとはどういうことなのか。さらに，そのような人々の生活を見つめている宮本自身の「まなざし」とはどういうものなのか。そして最後に，（教育社会学という領域の研究者の1人として自らにも問いたいのであるが）「子供をさがす」とはどういうことなのだろうか……。これらのことを考えてみてほしいのである。本章は，「よそ者」論を軸に議論を展開したのであるが，その意図は，これらの問いを質的調査方法論の文脈で探究するということが，自らが実施する質的調査を，その技術的なノウハウとは別の角度から掘り下げることに多少ともつながると思ったからである。そしてこのようなところに，本章のテーマであるところの「社会的構成物としての調査」という視角のもつ積極的な意義があると思うのである。

注
1) 宮本常一『忘れられた日本人』岩波文庫，1984, p.100.
2) 同書, p.103.
3) シュッツ，A．渡辺　光ほか訳「よそ者——社会心理学的一試論」『社会理論の研究』（アルフレッド・シュッツ著作集3）マルジュ社，1964/1991, pp.133,151.
4) シュッツ，A．前掲訳書, p.133.
5) シュッツ，A．前掲訳書, p.133.
6) シュッツ，A．前掲訳書, pp.133,134.
7) シュッツ，A．前掲訳書, p.136.
8) シュッツ，A．前掲訳書, p.139.
9) シュッツ，A．前掲訳書, p.140.
10) シュッツ，A．前掲訳書, p.140.
11) 社会学者にとって，「子ども」や「若者」というものは，かなり異質な集団であるはずなのだが，彼らの生活を理解しようと試みるとき，彼らにとって社会学者が「大人」であるというハンディの深刻さは，それほど深く掘り下げては議論されていないような印象がある。
12) 「よそ者」としての調査者という視角からすれば，社会学の1つの重要な方法である「比較」という手法には，かなり困難な問題が潜んでいることが納得されるであろう。
13) シュッツ，A．前掲訳書, p.140.
14) シュッツ，A．前掲訳書, p.141.
15) この点については，時代によってかなり事情が異なるかもしれない。ある時期に重要な役割を果たした，たとえば「意識革命」などの概念を考えれば，専門家の案出する概念を，その対象者たちに強要するという営みが，むしろ積極的な評価を獲得する場合もなくはない。しかし，いずれにしても，自ら実施する社会調

査が，調査対象となった人々にとって積極的な意味があるという「信念」を調査者がもつという事実は，その調査が実際にそのような人々の生活に積極的な意味をもつことを保証するものではない。
16) 社会調査の経験のある社会学者のほとんどが，「調査を実施する側に立つことはいいが，調査対象にされるのはいやだ」という思いをいだいているのではないだろうか。もしそうだとすれば，そのような思いの内実を考えてみることは，社会調査のもつ日常性の文脈にアプローチするうえで大切なことだと思う。
17) むしろ最近は，調査に協力してもらうこと自体が難しくなってきているといわれる。このことはつまり，調査者が，一時的な「訪問客」としてさえ認めてもらえなくなってきているということだろうし，調査対象となる人々が，調査結果の「異郷性」に敏感になってきているということでもあるだろう。
18) Kitsuse, J. & Cicourel, A. "A Note on the Use of Official Statistics." In *Social Problems*, Vol.11, No.2, 1963, pp.131-139.
19) Kitsuse, J. & Cicourel, A., op.cit., p.135.
20) Cicourel, A. *Method and Measurement in Sociology*. The Free Press, 1964, p.61.
21) Cicourel, A., op.cit., p.63.
22) 「日常的な歴史感覚」という言葉で筆者が何を意味しようとしているのかについて，本章ではこれ以上深入りする紙面的な余裕がないが，1つだけ指摘しておきたい。そのような感覚のなかには，たとえば日常生活で使われている言葉の意味のなかに，どの程度「歴史」を感ずることができるかということが含まれていると考えられる。

(清矢良崇)

9章　研究理論と調査法——「質対量」論争を越えて

――――――座談会――――――

（参加者：苅谷剛彦・北澤　毅・古賀正義・陣内靖彦・清矢良崇・山村賢明）

（上段左から　清矢良崇，古賀正義，陣内靖彦
下段左から　北澤　毅，山村賢明，苅谷剛彦）

　はじめに

北澤　今日は，質的調査の方法としての特質や今後の可能性がどのような点にあるのか，いわゆるアンケート調査なり質問紙調査なりに代表される量的調査と比較して，どのような長所や短所があるのかについて，それぞれ専門のお立場から，皆さんで話し合っていただきたいと思っております（なお，敬称は「さん」に統一させていただきました）。

　「量的調査」の無理解

苅谷　「質対量」というけれど，「量」の方をあまりわかっていない読者の場合，量的方法に対抗して質的方法はどうなんだという議論は，あまりピンとこないのではないかという気がするんです。つまり，初学者に対立軸が明確に意識できて

いるのか，その前提がしっかりとあるのか，という問題です。

北澤 今の苅谷さんのお話は，たとえば学部生レベルでは，社会学における質問紙調査のような量的調査というものを，そもそも理解していないのではないかということですか。

苅谷 大学院生くらいでも基本的には同じだと思う。思い出話になりますが，山村さんがこういう解釈的アプローチに依拠した研究を始めた頃，院生だった僕たちはコンピュータがおもしろくて数量化III類を使って盛んに研究をしていた。そういう量的な研究をやっていた僕らにとって，エスノグラフィーとかエスノメソドロジーとかはインパクトがあったんですよ。だけど，今の若い世代に同じようなインパクトがあるかということですね。質的方法と量的方法のどちらがすぐれているかという議論がなくなったという意味では，今の方がノーマルなのかもしれない。ですが，別の意味ではかつてのような方法に関する対立軸についての認識があまりなくなったのだともいえると思います。

山村 でも，学部のレベルとか，社会，官庁，マスコミだとか，そういうレベルで社会調査といえば，統計的・数量的レベルの調査のことですし，また社会学関係以外の大学教師でもそう思い込んでいる人がかなりいると思いますが。

苅谷 量的調査のような「仮説検証型」を経験してないと，構築主義のような質的なものをやっても驚いてくれないじゃないですか（笑い）。その意味でいうと，社会に関する認識論というのは進歩したのだと思うんですよ。十数年前でしたか，シコレルとかガーフィンケルとかの影響が日本にもあって，計量的な研究対質的な研究といった対立軸が出てきたときには，科学的な認識をめぐる議論が成立したんだけど，その後，いろいろな認識論の議論のなかで，社会を認識するうえで，もはやかつてのような素朴な客観性はありえないんだという感じが共有されていると思うんですね。

社会調査の貢献

北澤 けれども一方で，制度化された社会調査のなかで「役に立つ」ということ，つまり，問題を解決する，対策に役立つというのが1つの大きな流れとしてはあったと思うんです。その「役立つ」ということのもつ意味合いとかイメージ，それそのものをむしろ転換したいという感じなんですけどね。

苅谷 そういいますが，いわゆる社会調査がもとになって，政策がつくられたこ

> **コラム 9-1**
>
> ### 量的調査と実証的政策科学
>
> 　80年代には，コンピュータの普及と社会統計ソフトの開発によって，多くの研究者が，比較的手軽に，大規模な調査データの高度な分析を行えるようになっていった。とくに意識調査（アンケート調査）では，従来行われることのなかったデータ解析の手法が導入され，統計学者，林知己夫の開発した数量化理論，とりわけ複雑な関連性を算出する数量化Ⅲ類などがたびたび用いられるようになった。このことは，従来研究者が想定していた素朴な因果関係にもとづくデータ分析のバイアスを克服するうえで重要な貢献をなしえたが，同時に，その数学的意義の無理解や問題意識の脆弱化など異なった問題を生むことにもなった。
>
> 　さらにわが国の場合には，こうした分析データがただ研究者間の理解の対象となるにとどまり，広く行政政策の立案や遂行，評価に活用されることがないという問題も指摘され，実証的な「政策科学」を構築していく必要性が求められている。その意味で，時系列的な継続調査や地域に密着した個別調査などの試みにも着目しながら，調査成果の集積やその利用などをはかるシステムを構築することが重要な今日的課題となっている。

とは日本ではほとんどないわけですよ。僕が言いたいのは，アメリカのように実証的な政策研究がきちんと定着しているところでは，そうした議論の対抗軸として，質的な方法の役立ち方というか，示し方というのは非常にクリアに出てくると思うんです。それに比べると，日本の行政の調査の使い方というのは，そういう使い方をしているわけではなくて，社会を納得させるための道具としてしか使っていない。行政側が社会調査を使って，何か政策をつくろうというところまで，日本の社会学はいっていないといってもいい。

北澤　政策的に意義があるんじゃなくて，ある語り方が社会のなかに支配的なイメージとして存在していることは，まぎれもない事実ですよね。それは研究者としての私が事実だといっているわけではなくて，そのデータを示せば実証できることですよ。しかし，ある語り方，たとえば「いじめが深刻化している，陰湿化している」といった語り方自体がね，事態をこじらせていく。それこそが認識の暴力なわけで，そこを解体したいというのが，研究上の戦略的な意図としてあるわけです。ただ，ではどうしてそう書かないかというと，書いてしまうというそのこと自体がひとつの自縛作用をもつではないですか。だからそれは開かれたままで，終わりにするわけですよ。「方法としての解釈」ということでバーガーとケルナーが書いていますが（『社会学再考——方法としての解釈』），解釈するこ

と自体が社会を覆す可能性をもつわけでしょう。つまり，ある解釈を提示するということは，社会は「これが絶対的じゃない」ということを実は示してしまうことだから，それ自体が自明性を崩す戦略的な部分をすでにもってしまうわけです。だから，その先僕らが「こうすればこうなるんだよ」ということをいってしまったら，元の木阿弥ということになるわけで，その先の実践というのは本来読み手に委ねられるもので，僕らはその手前でとどまるということになるわけです。

質的調査の手続き

清矢 一般に流布している物語と別の物語を提示することにインパクトがあるという場合に，その違った見方を質的なデータによって結論づけるわけですが，それをコントロールしている方法論はどこからきているのでしょうか。量的調査でさえも，それが人の一生の問題になるような厳しい緊張関係にある場面で用いられることがないということは，逆にいえば「何をいってもいい」という感じになってしまう。だからやっぱり調査であるかぎり，その手続きを制御するある共有された方法というものがなければならない。まさにそれが学生に調査法として指導するときの要請になると思うんですが。

苅谷 今の問題はすごく大事だと思う。その場合，方法論に定型性がなければ学生たちにも伝えられないわけです。こういう手続きと方法にのっとれば，それは何かについての研究だといえる。どちらがすぐれているか，客観的かという議論はあまりする必要がない。一番困るのは，たとえば，質的調査ですといって，適当な所へ行って話を聞いてきて，自分の思いつきでまとめちゃったりすること。そんなとき，その研究は他者に対して「開かれている」とはいえないでしょう。僕が大学で教えている教師の立場からこの本をテキストとして読むとね，教える側は方法としての力をやっぱり教えたいと思ってしまう。だとしたら，そのとき清矢さんが言った，どのレベルの，どの内容の約束事というのかなあ，こういうふうにすると，こういうことがいえますよという方法についての一定のフォーマットがないとね。それがないとしたら，調査法としての議論が成立しないように思うんですよ。

北澤 その問題について，僕は一応意識して書いたつもりなんですが。つまり，研究の方法としての構築主義ということで，そこでの実証性とはどういうレベルのことなのか，あるいは，対象に対する態度ということで何を意味しているのか

ということとかをですね。だから,「何でもあり」というつもりではないんです。たとえば,構築主義的な研究に対する独特の揶揄の仕方があると思うのです。そのひとつは,構築主義研究は社会問題を研究対象にするわけですが,その社会問題だという定義はメンバーがするというい方をするけれども,結局研究者がそれをとりあげているんだから,研究者が定義していることになるじゃないかというものです。それをクリアするためには,スペクターとキツセも書いていますが(『社会問題の構築:ラベリング理論をこえて』),メンバーの主観的な定義をどういうふうに実証できるかということをきちんと示さなければならないと思うわけです。そこを,僕は主観的定義は客観的に観察可能だといって,「それはこういうことなんですよ」と示したつもりなんです。要するに,主観的定義だとか主観性というものに対するある意味での誤解が一方でありますよね。それに対する明確なこちら側のスタンスを伝えたいというのがあって書いたつもりです。そういう意味で,質的な調査は職人芸であるとか,方法として伝達不可能だとは思わないのですが,もちろん,量的調査のようなある意味でのわかりやすさ,形式のわかりやすさ,それは欠けているかもしれないという気はしますが。

アンケート調査の優位

山村 どうも,質的調査法とそうでないものを対蹠するような議論がありがちですが,本当はそれはそれぞれ意味もあったり,使う場所も違ったりして,対立するとはかぎらないかもしれないんですよね。計量的方法ということでイメージされているものを具体化すると,結局大量に質問に対する答えを書いてもらい回収すること,つまりアンケート調査になるのではないかという感じがしたんですよね。アンケート調査ではないアンケート調査を越える調査法というのを考える,そういう議論にしたら,さっきまでの議論はどうなるかなという,つまり質的対量的といってしまうと今までのような議論になるんだけども,もっと具体的にいうとどうなるんでしょう。

北澤 その問題に関連してですが,獲得されるデータの性質の違いによる分類もありえるかなと思うんです。われわれが扱うデータが,どういうふうに獲得され,生み出されるのかという問題なんですけど。質問紙調査もインタビューも参与観察法にも共通すると思うんですが,データは調査者と被調査者の相互行為のなかで生み出される性質のものですよね。でもたとえば歴史的なデータは,少なくと

も調査者はデータが生み出される現場に参与してはいません。もちろん，発見はできるわけですが。

陣内 歴史的データもつくられるのだと私は思うんです。つまり，同じ紙切れがあっても，それをデータにするかしないかは，それを読み解く人がデータとするかしないかの問題ですよね。そこには，ある一定の解釈の枠組みがなければならないわけですから。

山村 歴史的なデータを，たしかに，発見だけじゃなくて，研究者がつくるという面はあるけれども，しかしそれはすでに社会的に生起したことですよね。アンケートの場合は，たとえばお宅はテレビ何台ありますかというレベルのことは，歴史的に生起したことといってもよいかもしれないけど，その他のいろいろな質問が目指していることは，心のなかにあることを質問し回答を引き出したにすぎないでしょう。どうしてこれが社会的事実を研究していることになるのかっていうのが僕の感じている疑問です。アンケート調査は最もやりやすい方法だからやっているだけであって，本当は社会的事実を研究するなら，現実に生起している，あるいは生起した社会的事実自体をとらえなければいけないんじゃないかと思うのですが。

　　社会的事実のユニット

苅谷 社会的事実のユニットを何にとるかということがもう１つの難しい問題です。たとえば近代日本社会を主語にして僕たちは何かを語ることができますが，そのときのユニットというのは国民国家ですよね。でも国民全部にアンケートなんかできるわけないですよね。なぜなら，この100年あまりの日本の歴史をテーマとしているとき，延べ人数にしたら何億という人間が日本にいたわけですから。日本社会について，たとえば他国と比べて何かがわかるとしたら，それは分析の単位としての国家を１つの社会的事実としてとらえている。今あえて国家という大きな単位で話したけど，まったく同じように，学校であるとか，家族であるとか，さまざまな単位の設定の仕方があります。このような場合，集合体としての社会的事実というのはたしかに存在する。そういうときの対象の把握の仕方としては，全体の限界を承知のうえで，直接観察できないから，たとえば，世帯なら世帯という単位で家族の研究がなされるということがありえるわけです。だからここでいいたいことは，目的に応じて方法があるということであって，ありもし

ない社会的事実だという意味では,「日本」みたいな社会的事実は存在しないという話になってしまうわけですよね。

山村 うん,いっている意味はわかる。僕もそのレベルの把握の仕方を否定しているわけじゃないんですが。つまり,人々がいて社会的相互行為があって,そこにさまざまな,たとえば役割などがあって,多様な出来事が起こっている。それは社会のなかで起こっている。社会学は,もし社会のなかで起こっている出来事や相互行為を研究するのだとしたら,そこをみるべきではないかといいたいわけです。ところが,今はすべてアンケート調査でとらえようとしている。そのことがどうして問題にならないんだろうか。

清矢 それは多元的リアリティの問題につながると思うのですが,研究者のレベルで多元的リアリティという理解の仕方は可能かもしれませんが,生活者のレベルでは必ずしもそうではないと思います。まさにそこが先ほどから話題になっている「量－質」問題の社会的事実に関係するのではないかと思います。そのときに,生活している人が必ずしも多元的リアリティのなかに住んでいるのではないということを感覚的にとらえることが必要で,そのときのよりどころは「言葉」だと思います。社会的事実に対する解釈枠組みではなくて,言葉そのものに対する解釈枠組みを,もう一度見直す必要があるのかなと思います。ここで解釈というのは,つまり調査対象者に会ったり,そのような集団に社会学者が入ったときによりどころにする言葉というのはどういう性質のものなのかということです。言いかえれば,そこで使われている言葉に対していだかれている一枚岩的イメージをもう一度エポケー（判断停止）したいということです。私たち学者は,言葉を研究のための共有された道具として考えてしまいますけれど,実際,生活している人は必ずしもそうではないわけで,かなり共感的に理解してあげなければならない部分があります。しかし,質的調査のテキストというものをいろいろめくってみても,得られたデータはやはり記述されたものです。そればかりではないのではないかと思うのですが。

調査の有用性

陣内 それと関連することかもしれませんが,高校中退の調査を行ったときに思ったことは,常勤の先生になればすべてがわかるだろうということを聞くと,彼らは,「私たちには言葉がない」というわけです。調査者はあるところを切りと

るしかないのですから，調査の有用性の問題に関しても，役に立つか立たないかは，つまり現場の人がそれをどう利用するかの問題であって，最初からこれが役に立つものであるとかないとかということはいえないと思います．本当はそこのところが，教育実践と教育学者との間で少し循環すればいいのですが．

苅谷 「役に立つかどうか」というのは，現場の人が構築している問題のなかにわれわれが入ることであったり，そのなかで何らかのヒントになるような情報の集め方をする，あるいは僕たち研究者がもっている言葉で記述することが，現場の人にとって何かのヒントになるだろうということにかかわっています．そこで一度問題を共有するわけですが，それから後で現場の人，たとえばいじめ問題で真剣にがんばっている人がその研究者の書いたものを読んで一緒にやりましょうと言い出すかどうかという話です．

問いの脱構築

北澤 研究において何を目指しているのかということもあります．阿部さん（7章執筆）は会話そのものの成り立ちを解明したいわけで，そういう問いの立て方をしたときには会話データに向かうしかない．つまり，問いがそういう方法を必然化してますよね．僕も，構築主義的というよりも，いじめの語られ方という問いを立てたらこういうかたちでしかやりようがないです．質的な方法をとらざるをえない，この方向でしか解明できない問いも明らかにありますよ．

苅谷 たしかに新しい問いを立てることで今までの認識が変わったということもありうる．とりあげる問題や対象によって，研究もたくさん生み出される．ところが，見方によっては，同型の問題を繰り返し扱っているようにもみえる．そうすると，読んだ人はあまり驚かなくなるのではないでしょうか．問題の広がりという意味で，誰も気づいていないインパクトのある問題をさがし出しているかどうかというのがもうひとつの課題でしょう．

陣内 北澤さんの論文の主旨は，問いの仕方を変える，別の問いの仕方で議論を始めるということですよね．今，何を教育社会学で明らかにすべきなのか，いじめをどうするかといった具体的に問うべきテーマがあるはずなんだけど，問いの仕方が限定されているから，そのなかで閉塞している．実際の教育論議にいかないもどかしさがある．

北澤 そもそも教育論議そのものが閉塞しているのではないですか．なぜ閉塞し

ているかというと，ある行為を因果という文脈のなかで解釈して物語をつくってしまうからです。因果的発想それ自体を問い直したいと思っているんです。社会的相互行為がいかに成立するかを自分なりにとらえて，それを提示することによって教育論議とか具体的なレベルでの語り方の変更を求めたいというのが私の意図です。

陣内　実際にいじめが起こっている現在の教室空間，子どもたちの対人関係とか，現代特有の特質があると思うんですけど，そういうところまで話を進めていかないのはなぜですか。

北澤　それは，いじめの特徴とかいいますが，そもそも何がいじめなのか，そこから議論し直したいということなんですが。

実体験の重要性

清矢　そうはいっても，いじめを実際に体験している人々にとっては，いじめはリアルではないかと思うんです。認識の一致がなければ，そもそもいじめという問題はリアルに迫ってこないのでは，という体験レベルもあるのではないかと思うのです。

北澤　もちろん，認識の一致が成立していないといっているわけじゃない，それは相互行為の一部だといういい方なんです。

清矢　私がいっているのは，社会的事実としてのいじめには認識の一致・不一致があるとしても，辛い思いをしている子どもがいるという素朴な事実に対するアプローチのことです。そこで仮に質的調査で社会学者としていじめを眼のあたりにすることができたときに，われわれはいったい何を社会学者としていえるのか。

山村　「いじめ問題」というものが社会のなかでどんなふうに構成されて，どう動いているかがわかっていれば，「いじめ問題」を頭から現実そのものと思い込んでいる場合とは，その対応の仕方や言うことが違ってくるだろうとはいえると思うんですよ。だけども，殴られて目の前で怪我して，このまま置いたら死んじゃう，さあどうしたらいい，という問いは，研究や認識とは別のレベルの実践者の問題ではないでしょうか。

清矢　私が言いたいのは，いじめを眼のあたりにしたときに，当事者ではない，当事者外として見てる人間がどういうことをいうのかを主導する何かがないとまずいということです。せっかく事実が起こっているところの近くまで行って何か

を見て帰ってくるときに，自分の学生に実際に思ったことを何でもいいから書いてみなさいということでいいのかという点なのです。もちろん，「何かしらすればいじめはなくなりますよ」ということをいわなければならないわけではありません。でも，社会学の理論なりを想定していて，基本的な論理構造としては最初からいいたいことがあって，そのために情報をさがしにいくのであれば，ジャーナリズムと同じになってしまうような気がするんです。

古賀 ある関心をもって現場に行き，向こうの人は現場の関心で生きている。それで話しをしたり関係を持とうとするなら，こちらの関心も少し変わらなければならないし，少し伝えられるように工夫する。そのような意味での揺らぎとか変化はあるのじゃないでしょうか。そのような関心のネゴシエーションというものまで全部否定はできないのではないでしょうか。それ自体に関して書きとめておく必要があるなと，参与観察などをしていていつも思うんですよね。

清矢 そこで起きるのは必ずしも仮説検証ではない。まさにネゴシエーションが起こっているのであって，そのような場合は調査者は社会的事実に近づこうとすることによって自分自身が変貌する可能性をはらむということにつながると思います。

苅谷 変わりつつある何らかの事柄を研究者の言葉として語ったとき，現場の人と違った言葉であるがゆえに，現場の人には気づかないことや問題の発見ということが起こりうるわけです。あるインパクトを対象者に与えようとするのかしないのかというところに問題があると思うんです。「ギビング・ヴォイス」といって，声なき人の声をとりあげ，研究者の声として言いかえるという1つの役割が，質的な方法にはある。質も量も含めて，だんだん問題とかけはなれたレベルのところに行って，方法や認識論の厳密さを求めるんだけど，いったい何でそれをやっているのかがわからなくなっている。

陣内 いじめられている人の前に出たときに，こちらのほうが変わるということがあったけども，それは単なる個人的な感性が変わるというのではなくて，その問題に直面したとき，社会学的な認識の枠組みを変えるということですよね。

観察のエクササイズ

清矢 私は最近，同じビデオを複数の研究者で解釈しようという発達心理学の研究会に出ているのですが，つきつめていくと，実際に保育の場面というのが客観

> ### コラム9-2
>
> #### 相互作用としての質的調査——ネゴシエーション・エクササイズ
>
> 　社会調査が被調査者の日常生活における行動や態度などを科学的に理解しようとする方法であるかぎり，間接的であれ直接的であれ，調査者は被調査者とのコミュニケーションを介しつつ，その精確な解明へ向かうように努力せざるをえない。とりわけ，質的調査の場合には，インタビューや参与観察など対面的場面で調査を行う場合が多く，調査の相互作用としての性格が一層意識化されやすい。
>
> 　そこで，解釈的アプローチの知見に示されるように，調査場面での調査者と被調査者との社会関係を精確に理解したうえで，その特質をいかしていくことが求められる。たとえば，ネゴシエーション (negotiation) は，一般に「交渉」と訳されるが，行為者同士が言葉やしぐさなどを介しながらやりとりをし，互いに相互の意図を読み込みながら意味の共有化をはかろうとする過程をさす用語である。調査においても，調査者と被調査者との間には，交渉が生じており，それによって調査の知見が構成されていくことを知っておかねばなるまい。同様に，調査者が実際に相互行為を行いながら，社会理論の構成過程を体験しているという意味では，エクササイズ (exercise) すなわち「演習」をしているともいいうる。
>
> 　このような特質は，ときにマルチヴォイシズ・メソッド (multivoices method)——多数の研究者によるデータ解釈を相互に比較しながら構成される現実の多元性を分析する方法——として利用される場合もあり，心理人類学者トービン (Tobin, J.) らはそうした調査法を「マルチヴォーカル・エスノグラフィー (multivocal ethnography)」とよんでいる。わが国でも，被調査者も含めた調査実践のチームを構成し，ビデオデータの多声法的検討を目指す「ビデオカンファレンス」の試みが提唱されている（石黒広昭「実践の中のビデオ，ビデオの中の実践——物語を読みかえるために——」『保育の実践と研究』Vol. 1, No.2, 相川書房, 1996.）。
>
> 　また一方では，こうした方法の成果は，ふだん自己の意見を表明することの少ない，あるいはできない被調査者の声をすくい上げること，いわゆるギビング・ヴォイス (giving voice) にもつながりうるとする主張がある。
>
> 　いずれにせよ，相互作用として質的調査法を理解することはきわめて重要である。

的にビデオに映っているのに，全然何を言っていいのかわけがわからなくなってくるんです。事実と肉薄することが起こったとして，その事実に近づけば近づくほど何もいえなくなるわけですね。そのあたりで起こっている研究者としての思考が質的調査の特徴であって，そこに量的調査では起こらない何らかの魅力があったらいいなと思うのですが。

古賀　それは例の「マルチヴォイシズ・メソッド」という類のものですか。何か同じものを多くの人に解釈させて，その差異を眺めていくといった作業をするようですが。ビデオを撮られている人も参加して，マルチヴォイスにするということもあるようです。どのようなことがそのビデオを見ていえるのか，あるいはど

のようないい方がみんなに支持されるのかを比較する方法のようです。

清矢 私が参加している研究会のなかでの方向性は，「比較」ではなくて「問いの誘発」です。その現象に肉薄すれば肉薄するほど結論が出てくるのではなくて問いが生み出されるという効果なんですよね。それを，これまでの，調査の結果が命題として提示されるべきであるという先入観を取り払ったときに，どのように利用できるかということですね。

苅谷 たとえば具体的にどんな問いがあるんですか。

清矢 今，子どもはこのような映像としてあるけれども，その行動に対してある人が「これはこういう意味の行動なんだ」というと，違う人が「いやそうではない，実はこれはこういうふうに理解すべきなのだ」という。すると今度は，その違いを処理するにはどういうことを見ればよいのかとか，どのような証拠が必要かとか，あるいはそうではないとすればこの子は別の場面ではどのように行動するのかとか，どんどん問いを連鎖させていくわけです。ですから意見を一致させる方向ではないのです。そして，もし一致したとすれば，そこからまた，なぜ意見は一致したのかという問いになってくるんですね。

山村 しかしそれは，質的調査だけの問題ではないんじゃないでしょうか。量的調査だって，結果に対して，いろいろな解釈ができて，それを確かめるために別な調査が必要になる。それと同じことで，つきつめていくとすれば，一致点を見出そうとする努力に意味があるのであって，違いが出てくるのは条件や考え方が違うからでしょう。しかし，それを明らかにするのが最終目標ではないでしょう。

清矢 違いの出方に現象の本質をみるということです。認識の一致・不一致という問題ではありません。むしろ観察している人間のエクササイズなのです。現象に近づけば近づくほどいろいろな問いばかりが出てきてしまう。そこにおもしろさが味わえるということです。

北澤 要するに，現象に近づけば近づくほど，たしかに問いの連鎖の構造が出てくるかもしれない。でもビデオを見続けることをいかに記述できるかってことは，いつになっても解決がつかない。

清矢 「記述」という言葉に研究者の指向が限定されるとそうなってしまいます。そうではなくて，それ以前にいじめられている子どもがいて，すごく辛い思いをしているという事実をスッと共有してしまうレベルを対象化するエクササイズなのです。せっかく現象に肉薄しているのに，なんで認識になってしまうのかとい

うことなんです。あるいは，社会的事実に対面するとはどういうことなのかを擬似体験的に自己観察する営みだと考えられるかもしれません。

古賀 その体験的なことを「記述」というものから離れたかたちで設定することができるでしょうか。なぜいじめをわかったかとか，他の人とどのように違ったかたちでわかったのかといった問いは消えてしまうことにならないのでしょうか。

清矢 それはこう考えることができるかもしれません。つまり，いじめで苦労している人といじめを全然体験したことのない人がいじめを調査した場合に，まったく同じでなければならないのでしょうか。むしろ，それは違うのではないでしょうか。そのときに，その違いを，たとえばビデオと対峙して体験的にエクササイズする方法という意味で，古賀さんの問いがいかされるのだと思います。

研究者の社会的役割

山村 でも認識論の問題にいくのは，研究者という役割としてそういう立場をとるわけでしょう。実践者は違う。

苅谷 認識論のレベルにどんどんいってしまうと，研究者としても何か抜け落ちてこないかという疑問をもちます。そうした徹底した認識論を通り抜けなくては全体の議論ができないというなら，ちゃんともとの問題に戻ってくる覚悟でそれをやっているという，そういった回路が見えていればいいんですが。ところが，それが見えないと，この種の議論ばかりしている人たちはどこへ向かっているんだろうと。せっかく現場に入って，目の前で事実が生起しているのに，いったいこの人たちは何をやろうとしているのかと疑いたくなる。

山村 それに答えるのは別な問題でしょう。現実の問題に答えることは必要でしょうが，何といわれようと，研究者として答えられる限度は狭く，それを越えることは欺瞞です。

北澤 でも，非常に素朴なレベルで，たとえばいじめで苦しんでいるから子どもが自殺したというのは平板なとらえ方ですよね，それ自体が。実際には「シカト」のように「態度のいじめ」を動機とした遺書を残して自殺する子がいたりするわけではないですか。そういう危険が僕にとってむしろ大きなこだわりなんだ。

苅谷 だけど，いじめより子どもの自殺の問題はどうですか。いじめだけだとこんなに社会で注目される問題にならないわけで，自殺と結びつくから問題となるんでしょう。やっぱり，子どもたちの死は痛ましいことだということは，多くの

人たちが共有している。そうすれば，そこに肉薄するようなアプローチをとるためには，研究者側のリアリティ感覚がないとだめになりませんか。とにかくこういう方法を学んで，現場に入り込むと，質的方法で論文が仕上がりますよ，といったようになると，アンケートと同じですよね。せっかく認識論的反省から入ってきたんだから，その問題をちゃんとおさえてほしいと思う。

清矢 現象を大切にしているということを説得力のあるかたちで，ですね。

山村 いや，現象を大切にしてるのは，認識的な意味で大切にしているということでしょう。人殺しとか犯罪とかそういう現実の問題に関心を抱くのは生活者として当然ですから，あたりまえのことであって，ここでの議論で現象を大切にしていくというのは，あくまでも認識的な意味だけじゃないの。

清矢 そのときに，「自分はこういう認識で記述する」ということを決心するとします。そのようなときに自らの認識のあり方を鍛えるエクササイズという方法があると思うんです。それが苅谷さんが先ほどおっしゃった「認識」という学問的自己反省のなかで閉塞してしまって，実際の問題とか現象とのネゴシエーションのなかで鍛えられているという印象がないとまずいと思います。

山村 そういう意味なら僕もそのとおりだと思います。固定した枠組みで，それだけでしかみないとなると問題ですね。しかし，質的方法だったら量的方法の場合以上に，現実の問題や現象に対して，処方箋を提示しやすいとか，提示すべきだとは思わない。

清矢 そういうときにエスノグラフィーなどがいいわけですよ。そのいわゆるエクササイズの仕方というものは参与観察の方がアンケート調査よりは顕在化しやすいですよね。そのあたりを少し経験するといいのかもしれませんね。

方法の制度化

苅谷 ある先生からうかがった話なんですが，その先生は若い頃に歴史研究のおもしろさを知ったそうです。そのとき「年とるまで歴史研究はやるまいと思った」というんですよ。なぜかというと，一種の禁欲だったということです。つまり学問のおもしろさのなかだけで充足してしまうと，そうした研究は学会のなかではきちんと評価され，一定のインパクトをもつかもしれないけど，研究者だけの世界のなかで完結してしまう。「学問の制度化」というのはそういうことだと思います。質的方法も，若い世代の研究者や院生を見ていると，たとえば最初か

ら清矢さんの本があって読めるし，評価してくれる仲間もいる。歴史研究も，一世代前の研究者たちは，現代の問題をどう考えるかというところでやっていたのが，最近は言説研究が流行してきて，構築主義に似ているけれども，一種の視点のひっくりかえしというか，そういう問題意識が強くなった。つまり，学問のおもしろさ中心に研究をし，それを評価してもらえる環境ができている。そういうかたちでの学問の進み方というのは，質的方法だけではない。とくに教育社会学では，こういう意味での「学問の制度化」が進んでいるのではないかと思います。ところが，他方で現実の問題は問題でたくさん起こっているわけです。そのギャップを越えるためには，こんな方法を用いればこんなことがわかるんだというところが知りたい。胸をときめかせてね，フィールドに飛び込んで行くか，と。

古賀 いまは，胸はときめかなさそうですかね（笑い）。

苅谷 胸がときめくというのは，つまり，研究者同士だけでなく，現実の問題に対してアプローチできる可能性を見出すということですよ。

古賀 ときめくかどうかは別としても，現場を見ることによって問題についての考え方が変わるということはあると思います。ただその一方でフィールドに下りたというだけでは何もわからないかもしれない。下りたから，何か今まで知られていないことがすべてわかったという人はいませんね。むしろ下りると，一層暗くなったり考え込んだりするわけですよ。でもそれは別に悪いことではなくて，そのぐらいわれわれは方法であれ問題意識であれきちんとしたものをもっていない。つまりネゴシエーションされる対象者との関係のなかで理解していく事実に対して何ももっていない。そのことがわかったら，それはそれで意味があることではないでしょうか。この本に出てくる方法論の話はおしなべて，そのような現場との出会いのなかで，一度方法について再考することを求められた人たちが再度自覚的に現場に立とうとする営みを援助するものかもしれません。むしろ，こうした質的方法が素朴な実証主義に向かってしまったら一層危険ではないかと思うのです。つまり「私は見た」と論じるときの「私」というのはいったい誰なのか，ということについての自覚がなかったら，一層錯綜する情報の提供だけで，きちんとした事実すらおさえられないということになっていく可能性もあるわけです。そのような意味で，フィールドに下りるための一定の認識をもつ作業というのはどうしても必要ですし，そうなったときにはじめて，「問い」をどう立てるかというような自覚も出てくるわけですから，そこにやはり方法としての入り

口がある，と僕は思っているんです。この本には2つのタイプの文章，つまり技法自体の紹介をするものと調査方法のあり方を検討しているものが収められています。それはともに必要であって，方法の作業を一度相対化していくうえでは，多少難解なものもありますが，ともに大切なものであると思っているのです。

おわりに

清矢 その意味でも，これからの質的調査のあり方を考えたときに，やはり制度化された方法をブレークスルーする可能性がこの辺にあるのだということは何らかのかたちで示す必要があると思いますよね。
古賀 それは難しいのですが，たしかにそうだとは思います。たとえばエスノグラフィーにかぎっていえばだんだんブーム化しつつあるので，清矢さんがおっしゃっていることはとてもよくわかります。
北澤 今，つきつけられた大切な問いかけを最後の章で考えてみたいと思います。本日はどうもありがとうございました。

(この座談会は，テープからの文字化プロトコル作業を経て，再構成を行ったものである。なお，プロトコル作業は宮城教育大学大学院生の小野聡子，糟谷浩司，斎藤亮の3名によって行われた。謝意を表したい。また，各コラムの執筆は古賀正義による。)

10章　質的調査の可能性を求めて──秩序への意志

1節　はじめに

　社会学とは何かという問いに対して，万人が納得するような解答があるとは思えない。そのことを前提としてここでは，社会学とは，私たちの社会のなかに「秩序性／規則性」を見出そうと意志する学問であると，とりあえずはいっておきたい。ただし，社会のどのレベルに，そしてどこに「秩序性／規則性」を読みとろうとするのかという問題が，社会学の学問の性格を，つまりはその社会観や方法論を鋭く対立するものへと分け隔てていく。ここでは，デュルケム（Durkheim, E.）とエスノメソドロジー，とくにガーフィンケル（Garfinkel, H.）とサックス（Sacks, H.）とを，その社会観と方法論というレベルで比較検討し，両者の対立点と共通点とを明らかにすることを通して，社会の解読を志す私たちの進むべき方向について，その一端を示せればと思っている。

2節　社会観の対立──デュルケムとガーフィンケル

1　デュルケムの社会観

　ガーフィンケルは，『エスノメソドロジー研究』[1]の序文を，社会的事実についてのデュルケムのとらえ方との違いを表明することから書き始めている。これは社会学という学問の性格を考えるときに興味深いことである。デュルケムは，「社会的事実を物のように考察すること」[2]という有名なテーゼによって社会学という学問の研究対象を明確に定め，「社会的事実とは，固定化されていると否とを問わず，個人のうえに外部的な拘束をおよぼすことができ，さらにいえば，固有の存在をもちながら所与の社会の範囲内に一般的にひろがり，その個人的な表現物からは独立しているいっさいの行為様式のことである」と定義する[3]。ここには明確な１つの社会観が表明されており，彼は自らの社会観と方法論とを実践するために，さらには社会学という学問の独自性をデモンストレートするために，

写真10-1 デュルケム, E.

『自殺論』[4]を書いている。

　デュルケムの時代において，そしてもちろん現代においても，一般に自殺というものは，きわめて個人的な出来事とみなされている。自殺という出来事を前にした私たちのまずもっての問いは，「なぜ自殺をしたのか」というものであり，その問いへの解答として，自殺者の個人的な事情や人間関係，さらには動機やパーソナリティ特性などへの言及がなされることになる。こうしたやり方は，何か問題状況に直面したときに日常的に採用している私たちの戦略であるともいえるだろう。しかしデュルケムは，自殺という，一見，ランダムで個人的出来事とみられる現象を前にして，私たちの日常的な問いの立て方とはまったく異なった次元での問いの立て方と，それについての説明が可能であることを実証しようとした。

　デュルケムは，西欧諸国の自殺統計の比較検討を通して，それぞれの社会にはその社会に固有の自殺率が存在すると主張することから『自殺論』を書き始めている。つまり，「もしも自殺を，個々別々に考察されるべき，たがいに孤立した個々の出来事というふうにみないで，特定の時間単位内に特定の社会の内部に起こる自殺を全体的に考察してみるならば，こうして得られた全体は，たんなる個々の総和，すなわち寄せ集められた自殺の和ではなく，それ自体が一種独特の新しい事実を構成していることがみとめられる。それは，統一性と個性をもち，それゆえ固有の性格をそなえている。さらにいえば，その性格はすぐれて社会的なものなのだ」という[5]。いわばこのとき社会学は，自らにとっての固有な研究対象を初めて「発見」したのだと言っても過言ではない。個人に外在するモノとしての社会的事実，それが社会学に固有の研究対象であるというわけだ。

　一定期間を通してみたときに，なぜある国（文化圏）の自殺率はほぼ一定水準で推移するのか，なぜ自殺率の高い国と低い国とが存在するのか，なぜ女性より男性の方が自殺率が高いのかなどなど，なるほどそれは新たな学問の登場にふさわしい新鮮な驚きに満ちた「秩序性／規則性」の発見であった。こうしてデュルケムは，個人に外在するモノとしての社会的事実という独特の社会観を提示し，

そうした社会的事実のなかに発見される「秩序性／規則性」の因果関係を説明する実証科学としての社会学という独自の学問の存在を主張したのである。

2 ガーフィンケルの社会観

さて，こうしたデュルケム社会学に対して，社会的事実のとらえ方においてまったくの対極に位置づくのがエスノメソドロジーである。ガーフィンケルは，『エスノメソドロジー研究』の序文の冒頭，デュルケムの社会観への言及に続いて次のように書いている。

> 社会的事実の客観的現実は日常生活の協働的活動を通して進行的に達成されたものであり，その達成の仕方はごく普通の，しかも巧妙なやり方でなされる。そしてこの達成方法はメンバーによってよく知られており，いつも使われていて，あたりまえのものとされているのである。そして，メンバーによる協働的な達成としての社会的事実の客観的現実は，社会学を行っている（日常的）メンバーにとって根本的な現象なのである[6]。

社会的事実とはメンバーの日常的な相互行為によって達成されるものである，とするこの社会観こそ，エスノメソドロジーの最大の特徴である。ただし，こうした社会観はエスノメソドロジーのみの特徴というわけではなく，象徴的相互行為論，ラベリング論，構築主義といった，一般に相互行為論，あるいは解釈的パラダイムとして括られる，一連の理論的立場のなかに位置づくものと考えることもできる。

デュルケムやパーソンズ（Parsons, T.），そしてマートン（Merton, R.）などの社会観のなかでの行為者とは，個人に外在するモノとしての社会的事実によって拘束される存在としてイメージされている。しかも，社会的事実が個人に及ぼす拘束力に行為者は気づくことさえない。それはたとえば，あまりにも有名なマートンの潜在的機能概念の定義の仕方に象徴されている[7]。しかし考えてみれば当然のことであるが，私たちは，自分で状況を解釈したうえで自分の行為をその状況のなかに差し出しているということもまぎれもない事実であるだろう。そうした解釈主体としての行為者という行為者観を積極的に提示し，解釈的パラダイムと名づけられるような1つの流れを形成したのが，1960年代アメリカにおける，象徴的相互行為論，ラベリング論，そしてエスノメソドロジーであったといってもよいだろう。たとえば，象徴的相互行為論を代表する社会学者であるブルーマ

ー (Blumer, H.) は，「人々は対象の意味にのっとって行為するという論点は，深い方法論的な含意を持っている。それはすなわち，もし研究者が人々の行為を理解しようとするならば，彼はその人々の対象を，その人々が見るようなやり方で見なくてはならないということを意味している。彼らが見るようなやり方で彼らの対象を見ないということ，つまり，彼らにとっての意味を，自分がその対象について持つ意味で置き換えるということは，社会学者が関わることのできる最大の過誤である」[8]と明確に言い切っている。それまでの社会学が，行為者にとっての意味世界を無視してきたということに対する痛烈な批判から導き出される方法論的含意として，「行為者の視点に立つ」という象徴的相互行為論に独特の言い方がなされることになる。しかしながら，「行為者の視点に立つ」ということが何を意味するのか，そしてそれはいかにして可能なのか，という基本的な問題をめぐって，必ずしも合意が成立しているわけではなく，あえて分類するならば，そこからは次に述べるような2つの方法論的含意を抽出することができるように思われる。

3節　行為者の視点に立つとは——「意味の解釈」か「方法の記述」か

1　意味の解釈

ブルーマーの主張するように，考察対象である人々の世界の外部に立って，社会学者が解釈の特権を行使するということに対して批判をするのは，それほど目新しいことでも困難なことでもない。実際，そうした批判的言説の系譜は，たとえばミルズ (Mills, C.) の社会病理学者批判[9]，そしてスペクターとキツセ (Spector, M. & Kitsuse, J.) による，構築主義の立場から展開されるマートンの社会問題論に対する同様の批判[10]，あるいは，ブルデュー (Bourdieu, P.) による，精神分析医や心理学者などの専門家集団批判[11]などに，その典型を読みとることができる。

しかしながら，では「行為者の視点に立つ」ということはいかにして可能なのだろうか。現場に行き，参与観察をし，あるいは生活をともにし，共感的理解をすれば，行為者の視点に立った「他者理解」「異文化理解」ができるというのだろうか。そうした素朴なリアリズム信仰が根強く存在していることも否定できないが，「解釈をする」という行為それ自体が，不可避的に権力性や暴力性を帯び

てしまうという解釈行為の本質的なありように対して，社会科学の研究者であろうとする私たちは，すでに鈍感ではありえない。これは本書全体に共通する問題意識，あるいはこだわりと言っても過言ではないが，とくに4章や6章において詳しく論じられているので，この問題についてここで繰り返すことは避けておく。ただ確認しておきたいことは，多くの場合，つまり，素朴リアリズム信仰を表明する場合も，解釈の権力作用という困難な問題を引き受ける場合もともに，「行為者の視点に立つ」という方法論的問題は，社会学者にとっての考察対象である，人々の生活する「リアリティ＝意味世界」の解釈をめぐる問題として論じられているということである。

2 方法の記述

それに対して，エスノメソドロジーが研究対象とするのは，社会的事実が，メンバーの日常的な相互行為によって達成されるものであるとするなら，そのとき人々はどのような方法を用いて日常的な達成を行っているのかということであり，そこでは，「方法の記述」ということが目指されているのである。たとえば，「相互行為の進行中は，行為者は，自らの行為に明確な意味を付与しているとはかぎらない。しかし，一方で，行為者は，自覚しているいないにかかわらず，何らかの方法で，行為を遂行しているのである。行為が，その時点での行為者の視点がどうであれ，ある『方法』『手続き』に影響されているならば，それゆえに，その行為の過程に，そういった『方法』を記述するところの科学的概念装置で表現を与えるということが，ここでいう『行為者の視点を考慮する』手続きなのである」[12]と述べる清矢良崇の記述は，エスノメソドロジーにとって「行為者の視点に立つ」という方法論的問題が，行為者の使用する「方法の記述」という問題へと変換される事情についての適切な解説といえるだろう。さて以上のことを確認したうえで，エスノメソドロジーを特徴づける2つの問題点を指摘しておくことにしたい。

まず第1に，エスノメソドロジーにとって「データ」とは何かという問題である。目指されているのが，日常的な相互行為の流れのなかでメンバーによって使用されている「方法の記述」であるとするなら，それを探究するためには，ある相互行為の系列をその系列のままに採集することではじめて，そこで使用されている「方法」を探究するための記述データという資格を得ることになるというこ

とである。言いかえるなら，質問紙調査結果はいうまでもなく，事例研究の「事例」というデータも，研究者によって再構成されたものであるという性格において，エスノメソドロジーにとってのデータとはなりえないということでもある。

そして第2に，「方法」の探究のためには，採集されたデータとしての相互行為系列のなかで何が起きているのか何が話されているのかという，相互行為の「内容（意味）」については問題にしない，考察の対象にはしないという，エスノメソドロジー的無関心 (ethnomethodological indifference)[13]といわれる独特の方法的態度の要請という問題である。つまり，エスノメソドロジーの探究の関心は，メンバーが日々実践している解釈の「内容」ではなく，その際使用している解釈の「方法」であるということであり，そうした問題関心から生み出された概念が，たとえば「ドキュメント的解釈法」や「成員カテゴリー化装置」ということになる。

3 秩序への意志

ここで強調しておきたいことは，メンバーが使用している「方法」を科学的概念装置で記述するというエスノメソドロジーの営みは，「秩序性／規則性」への意志によって支えられているということである。私たちの日々の会話に代表される相互行為を思い浮かべてみよう。一見なにげない会話が交わされ，会話をしている当の本人たちでさえ，つい先ほど何を話したかを忘れてしまうようにして絶えることなく会話が進行していく。それはうつろいやすくランダムであり，一見しただけではそこに何らかの「秩序性／規則性」があるなどと，誰も考えもしなかった日々の平凡すぎる光景なのである。しかし，会話をするという，日々の平凡でまったくあたりまえすぎる私たちの行為が，まさにそのように成立しているというそのこと自体がある意味での「奇跡」なのだと考えることからエスノメソドロジー的な探究は始まっている。たとえばサックスは，次のように書いている。

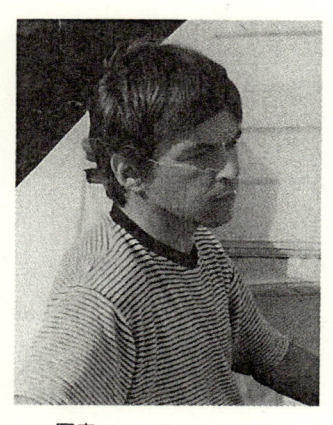

写真10-2　サックス，H.

　　ある文化のどのような成員も，幼児期の

頃から文化の非常に狭い部分を，そして恐らく行き当たりばったりに体験しているように思われるのに（彼らがたまたま持つことになる両親や，彼らがたまたま体験すること，あるいは，たまたま彼らに向けられることになる発話に含まれている語彙など），他の成員と多くの点でほとんど同じように振る舞う人に成長し，どのような成員とも関わりが持てるようになるのである[14]。

このようなサックスの言葉を聞くと，私たちが日々何の困難も感じることなく相互行為ができてしまうということが，奇跡に近い驚きに満ちたことのように思えてはこないだろうか。問題は，私たちは日々何の苦もなく実践できるにもかかわらず，そうした実践を支えている規則性や自分が使用している方法を，それとして自覚しているわけではないということにある。つまり，日常生活者としての私たちが関心をもっているのは，「今日の夕食何にしよう」「明日の試験，何が出るかな」「今度の日曜，彼女とどこに行こう」といった，きわめて実践的な課題であり，自ら使用している方法を主題化するなどということは基本的にはありえないということである。それゆえ，エスノメソドロジー的無関心という方法的態度をもって，私たちが日常的に使用している「方法」を主題化してみようというわけである。

4節　社会学的観察のススメ

鋭く対立する社会観を標榜し，探究の方向もまったく違うとはいえ，私たちにとってあたりまえの出来事のなかに，それがそうあるのはなぜかということに新鮮な驚きをもって問題を発見していくという根元的なところにおいて，デュルケムの自殺論にもサックスの会話分析のなかにも共通する態度をみてとることができるのではないだろうか。それは，あえて簡潔に述べるなら「秩序への意志」ということであり，私たちの社会のなかに「規則性」を見出そうとする態度なのである。そしてもちろん，いまだあたりまえのこととしてやり過ごしている日常的な出来事のなかに，私たちの探究を待っている問題群が横たわっているはずなのである。

社会とは，私たちの日々のありようと別次元のどこかに存在する抽象的なナニモノカというわけではない。そう，まさに日々の私たちの営みとともにあるものなのだ。さしあたり質問紙をつくる必要もどこかに参与観察に出かけていく必要

もない。自分の身の回りで起きていることを，自分のしていることをも含めて，社会学という眼鏡をかけて（もちろんそのためには，社会学に特有のものの見方と観察の方法とを学ぶ必要があるが），じっくりと観察してみよう。

ただし忘れないでほしいことがある。私たちはまず何よりも日常生活者である。日常生活者であるとは，自分をとりまくさまざまな人たちと実践的な利害関係で結ばれているということである。私たちは，まずもって恋愛を「する」のであり，恋愛について考えるときも，もっぱら，実践的な関心との関連のなかで考えるのであって，抽象的な恋愛論は二次的な問題にすぎない。つまり，恋愛をするのは日常生活者としてするのであり，もし恋愛を観察しようとするなら，態度の変更が必然的に伴うということである。それはたとえば，エスノメソドロジー的な無関心という社会学的な態度変更である。少なくともそのとき私たちは，実践的利害関係から一歩身を引くことになる。それゆえ，老婆心ながら申し上げておくならば，どんなに社会学的観察法に魅力を感じたとしても，誰かと恋愛をしている当のそのときに，その関係を観察するようなことは，ゆめゆめ避けた方が無難である。当事者であることを求められているときに観察者でいようとするなら，かなりの確率であなたの恋愛関係は崩壊するだろうからである。つまり，「観察する」という営みにはさまざまな危険性が伴うということであり，そのことへの十分な自覚が求められるということである。

注
1) Garfinkel, H., *Studies in Ethnomethodology*, 1967. (Polity Press 1984.)
2) デュルケム, E. 宮島 喬訳『社会学的方法の規準』岩波書店, 1895/1978, p. 71.
3) 同書, p.69.
4) デュルケム, E. 宮島 喬訳『自殺論』中公文庫, 1897/1985.
5) 同書, p.25.
6) Garfinkel, H., op. cit., Ⅶ. なお訳文は, クロン, A. 山田富秋・水川喜文訳『入門エスノメソドロジー』せりか書房, 1987/1996, p.176.からの引用。
7) マートン, R. 森 東吾ほか訳『社会理論と社会構造』みすず書房, 1957/1961, pp.20-21.
8) ブルーマー, H. 後藤将之訳『シンボリック相互作用論』勁草書房, 1969/1991, p.64.
9) ミルズ, C. 青井和夫・本間康平監訳「社会病理学者の職業的イデオロギー」『権力・政治・民衆』みすず書房, 1963/1971, pp.407-424.
10) スペクター, M. & キツセ, J. 村上直之・中河伸俊・鮎川 潤・森 俊太訳『社会問題の構築：ラベリング理論をこえて』マルジュ社, 1977/1990. とくに, 第

2章を見よ。
11) ブルデュー, P. 石井洋二郎訳『ディスタンクシオンII』藤原書店, 1982/1990. とくに, pp.176-188.を見よ。
12) 清矢良崇『人間形成のエスノメソドロジー』東洋館出版社, 1994, pp.137-138.
13) Garfinkel,H., & Sacks,H., "On formal structures of practical action" in Coulter, J. (ed.), *Ethnomethodological Sociology*, Edward Elgar, 1990, p.63.
14) Sacks,H., "Notes on methodology" in Atkinson, J. & Heritage, J. (eds.), *Structures of Social Action*, Cambridge University Press, 1984, p.22.

(北澤　毅)

文献リスト

　以下にあげる文献リストは，これから質的調査法の実践を志す人たちのために，方法論の紹介・議論，あるいは方法を活用した実証的研究に関する著作を紹介したものである。原則として，①1970年以降に刊行された著作・論文，②訳書も含めて和書で入手しやすいもの，③本書の執筆に関連するもの，を中心に掲載している。なお，ここでは，本文に注記されている著書などを省略している場合もあるので，あわせてご覧いただきたい。

〈質的調査法と調査方法論〉

　　シクレル，A. 下田直春監訳『社会学の方法と測定』新泉社，1964/1981.
　　クレイン，J.ほか 江口信清訳『人類学フィールドワーク入門』昭和堂，1992/1994.
　　イーストホープ，G. 川合隆男ほか監訳『社会調査方法史』慶應通信，1974/1982.
　　福永安祥『教育調査』明星大学出版部，1982.
　　グレイザー，B.ほか 後藤 隆ほか訳『データ対話型理論の発見』新曜社，1967/1996.
　　宝月 誠ほか『社会調査』有斐閣，1989.
　　市川 浩編著『〈知〉と〈技〉のフィールド・ワーク——現場の思考』思潮社，1990.
　　岩永雅也ほか編『社会調査の基礎』放送大学教育振興会，1996.
　　栗田宣義編『メソッド／社会学——現代社会を測定する——』川島書店，1996.
　　ラザーズフェルド，P. 西田春彦ほか訳『質的分析法』岩波書店，1972/1984.
　　ロフランド，J.ほか 進藤雄三ほか訳『社会状況の分析——質的観察と分析の方法』恒星社厚生閣，1995/1997.
　　マン，P. 中野正大訳『社会調査を学ぶ人のために』世界思想社，1968/1982.
　　松原治郎編『教育調査法』有斐閣，1985.
　　見田宗介『現代社会の社会意識』弘文堂，1979.
　　仲村祥一編『新版 社会学を学ぶ人のために』世界思想社，1988.
　　中野 卓ほか『フィールド・リサーチの方法』電気通信協会，1990.
　　西田春彦ほか編『社会調査の理論と技法Ⅰ・Ⅱ』川島書店，1976.
　　プラマー，K. 原田勝弘ほか監訳『生活記録の社会学』光生館，1983/1991.
　　佐藤郁哉『フィードワーク——書を持って街へ出よう』新曜社，1992.
　　佐藤 誠編『地域研究調査法を学ぶ人のために』世界思想社，1996.
　　須藤健一編『フィールドワークを歩く——文科系研究者の知識と経験』嵯峨野書院，1996.
　　ウエッブ，S.ほか 川喜多喬訳『社会調査の方法』東京大学出版会，1932/1982.
　　ズナニエツキ，F. 下田直春監訳『社会学の方法』新泉社，1934/1978.

〈質的調査法と社会理論（解釈的アプローチ）〉

　　バーガー，P.ほか 森下伸也訳『社会学再考——方法としての解釈』新曜社，1981/1987.
　　カラベル，J.ほか「教育社会学のパラダイム展開」カラベル，J.ほか編 潮木守一ほか

編訳『教育と社会変動（上）』東京大学出版会，1977/1980．
クリフォード，J.ほか編　春日直樹ほか訳『文化を書く』紀伊國屋書店，1986/1996．
クロン，A.　山田富秋ほか訳『入門エスノメソドロジー――私たちはみな実践的社会学者である』せりか書房，1987/1996．
デンジン，N.　片桐雅隆ほか訳『エピファニーの社会学――解釈的相互作用論の核心』マグロウヒル，1989/1992．
ガーフィンケル，H.ほか　山田富秋ほか編訳『エスノメソドロジー――社会学的思考の解体』せりか書房，1968ほか/1987．
稲垣恭子「教育社会学における解釈的アプローチの新たな可能性」『教育社会学研究』第47集，東洋館出版社，1990．
菊池城司「教育社会学の『パラダイム』展開」柴野昌山ほか編『教育社会学』有斐閣，1992．
Kitsuse, J. & Cicourel, A. "A Note on the Use of Official Statistics" in Social Problems, Vol. 11, No. 2, 1963.
キツセ，J.ほか　村上直之・中河伸俊・鮎川　潤・森　俊太訳『社会問題の構築：ラベリング理論をこえて』マルジュ社，1977/1990．
ライター，K.　高山眞知子訳『エスノメソドロジーとは何か』新曜社，1980/1987．
中野　卓ほか編『ライフヒストリーの社会学』弘文堂，1995．
サーサス，G.ほか　北澤裕ほか訳『日常性の解剖学――知と会話』マルジュ社，1964ほか/1989．
シュッツ，A.　渡部　光ほか訳『社会的現実の問題（Ⅰ）』（アルフレッド・シュッツ著作集第１巻）マルジュ社，1962/1983．
シュッツ，A.　渡部　光ほか訳『社会的現実の問題（Ⅱ）』（アルフレッド・シュッツ著作集第２巻）マルジュ社，1962/1985．
シュッツ，A.　渡部　光ほか訳『社会理論の研究』（アルフレッド・シュッツ著作集第３巻）マルジュ社，1964/1991．
シュッツ，A.　那須　壽ほか訳『生活世界の構成――レリヴァンスの現象学』マルジュ社，1970/1996．
関本照夫「フィールドワークの認識論」伊藤幹治ほか編『文化人類学へのアプローチ』ミネルヴァ書房，1988．
清矢良崇『人間形成のエスノメソドロジー――社会化過程の理論と実証』東洋館出版社，1994．
志水宏吉「変化する現実，変化させる現実：英国『新しい教育社会学』のゆくえ」『教育社会学研究』第53集，東洋館出版社，1993．
山田富秋ほか『排除と差別のエスノメソドロジー』新曜社，1991．
山村賢明「解釈的パラダイムと教育研究――エスノメソドロジーを中心にして」『教育社会学研究』第37集，東洋館出版社，1982．
山村賢明「教育社会学の研究方法――解釈的アプローチについての覚え書き」柴野昌山編『教育社会学を学ぶ人のために』世界思想社，1985．

〈インタビュー調査〉
有末　賢「〈意味の社会学〉と生活史研究」『社会学年誌』第34号，早稲田大学社会学会，1993．
シコレル，A.ほか　山村賢明・瀬戸知也訳『だれが進学を決定するか――選別機関と

しての学校』金子書房，1963/1985.
市川健夫『フィールドワーク入門——地域調査のすすめ』古今書院，1985.
Kitsuse, J., Murase, A. & Yamamura, Y. "Kikokushijo: The emergence and institutionalization of an educational problem in Japan." in Schneider, J. & Kitsuse, J. (eds.), *Studies in the Sociology of Social Problems*. Ablex Publishing Corp., 1984.
水野節夫「生活史研究とその多様な展開」宮島　喬編『社会学の歴史的展開』サイエンス社，1986.
Mori, S. *Ryugaku: The Emergence and Development of an International Educational Problem in Japan*. University of California, Santa Cruz, 1985.
森　俊太「日本企業による外国大学卒日本人の雇用の変化：逸脱者から国際人へ？——アメリカ四年制大学卒業者の場合」岩内亮一ほか『海外日系企業と人的資源：現地経営と駐在員の生活』同文館出版，1992.
Mori, S. *The Social Problems of Students Returning to Japan from Sojourns Overseas: A Social Constructionist Study* (Ph. D. dissertation, University of California, Santa Cruz). Ann Arbor: University Microfilms International, 1994.
森　俊太「社会構築主義と社会学理論」『静岡理工科大学紀要』第4巻，1996.
中河伸俊「クレイム申し立ての社会学」(上，下)『富山大学教養学部紀要 人文・社会科学編』第22巻2号，第23巻2号，1989-1990.
野元菊雄「調査のやり方—3—面接調査法」『教育と情報』No.320, 第一法規出版，1984.
プラース，D.　井上　俊ほか訳『日本人の生き方——現代における成熟のドラマ』岩波書店，1980/1985.
歴史学研究会『オーラル・ヒストリーと体験史』青木書店，1988.
「仕事」編集委員会編『インタビュー「仕事」の世界』日本経済評論社，1986.
ターケル，S.　中山　容ほか訳『仕事！』晶文社，1972/1983.
梅澤伸嘉『グループインタビュー調査——実施と分析の技術』ダイヤモンド社，1981.
横田澄司『増補新版 深層面接調査法』新評論，1977.

〈参与観察法〉
合田　濤ほか編『民族誌の現在——近代・開発・他者』弘文堂，1995.
朝倉景樹『登校拒否のエスノグラフィー』彩流社，1995.
ベッカー，H.　村上直之訳『アウトサイダーズ——ラベリング理論とはなにか』新泉社，1963/1978.
カミングス，K.　友田泰正訳『ニッポンの学校』サイマル出版会，1980/1981.
ゴッフマン，E.　石黒　毅訳『アサイラム——施設被収容者の日常世界』誠信書房，1961/1984.
稲垣恭子「教師—生徒関係の相互行為と教室秩序の構成——『生徒コード』をてがかりとして——」『教育社会学研究』第45集，東洋館出版社，1989.
グッドマン，R.　長島信弘ほか訳『帰国子女——新しい特権層の出現』岩波書店，1990/1992.
古賀正義「授業の社会的構成に関する実証的分析」『筑波大学教育学系論集』第8巻

1号，1983.
古賀正義「学校の存立と潜在的教授学」木原孝博ほか編『学校文化の社会学』福村出版，1993.
宮崎あゆみ「学校における『性役割の社会化』再考——教師による性別カテゴリー使用をてがかりとして——」『教育社会学研究』第48集，東洋館出版社，1991.
宮崎あゆみ「ジェンダー・サブカルチャーのダイナミクス——女子高におけるエスノグラフィーをもとに——」『教育社会学研究』第52集，東洋館出版社，1993.
西澤晃彦『隠蔽された外部——都市下層のエスノグラフィー』彩流社，1995.
ローレン，T.　友田泰正訳『日本の高校』サイマル出版会，1983/1988.
佐藤郁哉『暴走族のエスノグラフィー』新曜社，1984.
佐藤郁哉『ヤンキー・暴走族・社会人』新曜社，1985.
サドナウ，D.　岩田啓靖ほか訳『病院でつくられる死——「死」と「死につつあること」の社会学』せりか書房，1967/1992.
杉尾　宏編『教師の日常世界』北大路書房，1988.
志水宏吉『よみがえれ公立中学——尼崎市立「南」中学校のエスノグラフィー』有信堂，1991.
志水宏吉『変わりゆくイギリスの学校——「平等」と「自由」をめぐる教育改革のゆくえ』東洋館出版社，1994.
田辺繁治編『人類学的認識の冒険——イデオロギーとプラクティス』同文館出版，1989.
谷　泰編『文化を読む——フィールドとテクストのあいだ』人文書院，1991.
鵜飼正樹『大衆演劇への旅』未来社，1994.
ウォルフォード，G.　竹内　洋ほか訳『パブリック・スクールの社会学』世界思想社，1986/1996.
ホワイト，W.　寺谷弘壬訳『ストリート・コーナー・ソサイエティ』垣内出版，1943/1974.
ウィリス，P.　熊沢　誠ほか訳『ハマータウンの野郎ども——学校への反抗・労働への順応』ちくま学芸文庫，1977/1996.

〈ドキュメント分析〉

阿部耕也「高等学校をみる社会的視線の変容——『高校問題』の社会史の試み」門脇厚司ほか編『高等学校の社会史——新制高校の〈予期せぬ帰結〉』東信堂，1992.
広田照幸「〈教育的〉の誕生——戦前期の雑誌分析から——」『アカデミア人文・社会科学編』南山大学，1990.
広田照幸「戦前期の教育と〈教育的なるもの〉——『教育的』概念の検討から」『思想』812号，岩波書店，1992.
林　雅代「近代日本の『青少年』観に関する一考察——『学校生徒』の喫煙問題の生成・展開過程を中心に——」『教育社会学研究』第56集，東洋館出版社，1995.
石飛和彦「校則問題のエスノメソドロジー」『教育社会学研究』第57集，東洋館出版社，1995.
伊藤茂樹「『教育問題』の発見・処理と運動の展開——登校拒否を例として——」『東京大学教育学部紀要』第29巻，1989.
伊藤茂樹「青少年の逸脱問題への社会学的アプローチ」『教育社会学研究』第47集，東洋館出版社，1990.

伊藤茂樹「『教育問題』研究のマトリクスと今日的意味」『岐阜教育大学紀要』第32集，1996．
片桐隆嗣「新聞報道における『明倫中事件』の社会的構築」『東北芸術工科大学文芸ars』3号，1995．
北沢　毅「『問題行動』の社会的構成——相互行為論の視点から——」『教育社会学研究』第40集，東洋館出版社，1985．
北沢　毅「逸脱論の視角」『教育社会学研究』第47集，東洋館出版社，1990．
工藤宏司「『不登校』の社会的構築——モノグラフの試み（上）——」『大阪教育大学教育実践研究』第8号，1994．
諸橋泰樹『雑誌文化の中の女性学』明石書店，1993．
村上直之「戦後日本の大学不正入試事件」『神戸女学院大学論集』第30巻3号，1984．
中河伸俊ほか編著『子どもというレトリック——無垢の誘惑』青弓社，1993．
沖津由紀「教育内容の制度化過程——学習指導要領（算数・数学）の内容の変遷より——」『教育社会学研究』第54集，東洋館出版社，1994．
瀬戸知也「新聞にみる『業者テスト』問題の構築と物語性について」『常葉学園大学研究紀要教育学部』第14号，1993．
瀬戸知也「教室経験の解釈可能性（3）——「いじめ」問題の物語論的解釈の試み——」『常葉学園大学研究紀要教育学部』第16号，1995．
高橋一郎「明治期における『小説』イメージの転換——俗悪メディアから教育メディアへ」『思想』812号，岩波書店，1992．
高橋一郎「青少年のセクシュアリティと教育」『教育社会学研究』第53集，東洋館出版社，1993．
キツセ，J.「社会問題としての帰国子女問題」門脇厚司ほか編『変動社会と教育——社会化をめぐる国際シンポジウム』至文堂，1980．
トマス，W.ほか　桜井　厚訳『生活史の社会学』御茶の水書房，1918ほか／1983．
トロイヤー，R.ほか　中河伸俊ほか訳『タバコの社会学——紫煙をめぐる攻防戦』世界思想社，1983／1992．

〈映像データ・音声データ分析〉

阿部耕也「子ども電話相談における類型化の問題——相互行為としての「相談」への会話分析による接近の試み」『教育社会学研究』第41集，東洋館出版社，1986．
秋葉昌樹「保健室における『相談』のエスノメソドロジー的研究」『教育社会学研究』第57集，東洋館出版社，1995．
Goffman, E. "Gender advertisements" Harper and Row Publishers, 1979.
石飛和彦「社会問題の存在論とエスノメソドロジー的アプローチ」『ソシオロジ』第39巻1号，1994．
岸田宏司「ホッピング・キッズの生活——子どもの目に映る父親・母親像」ニッセイ基礎研究所『日本の家族はどう変わったのか』日本放送出版協会，1994．
北沢　毅「規則適用過程における行為者の意志」『ソシオロジ』第32巻1号，1987．
野田正彰『漂白される子供たち』情報センター出版局，1988．
坂本佳鶴恵『〈家族〉イメージの誕生——日本映画にみる〈ホームドラマ〉の形成』新曜社，1997．
清矢良崇「社会的相互行為としての初期社会化の様式——しつけ場面におけるカテゴリー化問題」『教育社会学研究』第38集，東洋館出版社，1983．

清矢良崇「社会化・言説・文化―― H.サックスの視点を中心にして――」『教育社会学研究』第54集，東洋館出版社，1994.
瀬戸知也「教室経験の解釈可能性（2）―― TVドラマ『教室』をテクストとして――」『常葉学園大学研究紀要教育学部』第11号，1990.
瀬戸知也「教室の生活とヴァルネラビリティ」木原孝博ほか編『学校文化の社会学』福村出版，1993.
新堂粧子「社会化エージェントの悩み――母親らしさの逡巡」柴野昌山編『しつけの社会学』世界思想社，1989.
山村賢明『日本人と母――文化としての母の観念についての研究』東洋館出版社，1971.
山村賢明ほか『受験体制をめぐる意識と行動――現代の学校文化に関する実証的研究』伊藤忠記念財団，1983.
山村賢明ほか『東京都青少年問題協議会調査報告書――子どものテレビ視聴の様態に関する調査研究』東京都生活文化局，1986.
山中速人ほか『ビデオで社会学しませんか』有斐閣，1993.
結城　恵「幼稚園における集団呼称の社会的機能」『教育学研究』第60巻第1号，1993.
結城　恵「社会化とラベリングの原初形態――幼稚園における集団カテゴリーの機能」『教育社会学研究』第55集，東洋館出版社，1994.

〈その他〉
川添　登編『生活学へのアプローチ』ドメス出版，1984.
ラングネス，L.ほか，米山俊直ほか訳『ライフヒストリー入門――伝記への人類学的アプローチ――』ミネルヴァ書房，1981/1993.
宮本常一『宮本常一著作集』1～41巻，未来社1968-1997.
宮本常一『忘れられた日本人』岩波文庫，1984.
宮本常一『民俗学の旅』講談社学術文庫，1993.
柳田国男『柳田国男全集』全22巻，ちくま文庫，初出1937ほか/1990.

人名索引

〈ア　行〉

朝倉景樹　77
イバラ（Ibarra, P.）　43, 48
今田高俊　18
ウィリス（Willis, P.）　76
ウッズ（Woods, P.）　90
エプストン（Epston, D.）　118, 137

〈カ　行〉

ガーフィンケル（Garfinkel, H.）　105, 107, 108, 193, 195
ギアツ（Geerts, C.）　84
キツセ（Kitsuse, J.）　41, 43, 46, 48, 97-99, 172, 181, 194
ギデンズ（Giddens, A.）　50
清永賢二　101, 102, 104, 113
クラパンザーノ（Crapanzano, V.）　87
クリフォード（Clifford, J.）　80, 86, 88
ケルナー（Kellner, H.）　114, 179
コールタジー（Cortazzi, M.）　122

〈サ　行〉

桜井　厚　81
サックス（Sacks, H.）　14, 37, 145, 150-153, 193, 198, 199
シコレル（Cicourel, A.）　172-174
シュッツ（Schutz, A.）　105-108, 146, 162, 163, 166, 168
ジュネット（Genette, G.）　116, 117
ズナニエツキ（Znaniecki, F.）　41
スペクター（Spector, M.）　41, 43, 46, 97-99, 181, 196
清矢良崇　37, 197

瀬戸知也　38

〈タ　行〉

竹川郁雄　102, 112, 113
チャットマン（Chatman, S.）　117, 120
デュルケム（Durkheim, E.）　193-195, 199
デンジン（Denzin, N.）　82
トーマス（Thomas, W.）　41
豊田　充　110

〈ナ　行〉

野田秀樹　136

〈ハ　行〉

バーガー（Berger, P.）　83, 114, 179
パーソンズ（Parsons, T.）　195
ハッチオン（Hutcheon, L.）　135
バフチン（Bakhtin, M.）　85, 89
ハーマスレイ（Hammersley, M.）　77
バルト（Barthes, R.）　85, 117
ファーブル（Fabre, J.）　139, 155
フィッシャー（Fisher, W.）　117
フォースター（Forster, E.）　120
フライ（Frye, N.）　134
ブラウン（Brown, R.）　135
ブルデュー（Bourdieu, P.）　196
ブルーナー（Bruner, E.）　118
ブルーマー（Blumer, H.）　195, 196
ベッカー（Becker, H.）　79
ホワイト（White, M.）　118, 137

〈マ　行〉

マートン（Merton, R.）　195, 196
マリノフスキー（Malinowski, B.）　72

見田宗介　17
ミッチェル(Mitchell, W.)　118
宮崎あゆみ　37
宮台真司　78
宮本常一　160
ミラー(Miller, H.)　136
ミルズ(Mills, C.)　196
メハン(Mehan, H.)　76
森田洋司　101, 102, 104, 112, 113

〈ヤ・ラ行〉

山村賢明　35, 37, 38
リースマン(Riessman, C.)　122
ルイス(Lewis, O.)　32, 73
ロッジ(Lodge, D.)　85

事項索引

〈ア 行〉

新しい教育社会学 73,76
アンケート調査 14,16,177
異郷集団 169,171
異郷性 171-173
因果関係 47
因果的発想 185
因果論的思考 100
インタビュー 16,24,110,181
インタビュー調査 20,21,24-28,32,39,109
インタビューの依頼 25
インタビューの開始 26
インタビューの終了 27
インフォーマル・インタビュー 24
インフォーマント 30,73
映像データの特性 33
エクササイズ 188,189
エスノメソドロジー 34,66,100,193,195,197,198
エスノメソドロジスト 50
エスノメソドロジー的無関心 198-206
オーディエンス 79
オーバー・ラポール 31
オーラルヒストリー 40

〈カ 行〉

解釈主義 18
解釈図式 168,169
解釈的アプローチ 19,73
解釈的パラダイム 195
回答率 46
会話データ 184

会話分析 15,21,173,199
科学的客観性 18,64,79
学問知 79
学問の制度化 190
カスパー・ハウザー問題 127
仮説検証型 16,178
語り 117
価値中立性 86
学校化社会 149
カテゴリー化 142,145-147
カテゴリー化問題 145,153
観察可能 98,181
観察法 19,28
間テキスト 87
関連性体系 146
関連性の体系の相応性 106
関連性の体系の相応性の理念化 106,107
帰国子女 49,52
規範的語り 95
規範的言説 94,95,100,103,113
寓話化 75
クレイム 97-99
原因論 96
検証性 62
現場主義 76-78
濃い(分厚い)記述・薄い記述 31
構造化面接法 24
構造化理論 50
構築過程 98,99
構築主義 41,94,96-98,100,101,173,180,184,195,196
構築主義データの特性 42
故郷集団 168,169

〈サ 行〉

作者の復活　86
作中人物　121
三角測量的手法　32
参加と観察のパラドックス　31
参与観察　64,154,196,199
参与観察法　16,19,20,21,23,28-33,37, 39,45,181
視界の相違　106,107
視界の相互性　105,108
自己言及　85
自己物語　133
『自殺論』　194,199
指示的面接法　24,46
実証主義的研究　16,18,95,96,101,113
実証的政策研究　179
実体視　96
実体論　97
質的調査　177,180
質的な方法　184
質問紙　199
質問紙調査　32,94,109,111,177,181
質問紙調査結果　198
自伝　40
自分史　40
社会化　140-142,148
社会学的想像力　79
社会的構成物としての調査　175
社会的事実　193-195,197
社会的相互行為　95,105,108,114,185
象徴的相互行為論　195,196
自由回答方式　25
常識的思考　105-107
常識的推論　113
常識的世界　113
常識的知識　101
常識的理解　102

小説性　86
事例研究　198
深層インタビュー　46,65
侵入的記述　82
信頼度　46,63
ストーリー　120
成員カテゴリー化装置　151,153,198
生活史研究　40
潜在的機能　195
操作的定義　101

〈タ 行〉

ダイアローグ　130
多元的リアリティ　183
他者物語　133
立場の相互交換可能性　106
立場の相互交換性の理念化　106
調査日誌　68
調査の「構成性」　82
出会い　83
定義活動　97-100
定義の構築過程　98
定義の産物　98
ディスコース　120
データの日常性を確保するインタビュー　27
テリング　120
伝記　40
統制的観察法　28
道徳的言説　48
ドキュメント的解釈法　107,198
ドキュメントデータ　94,95,99,101,109, 110
ドキュメントデータの特性　39
特権化された現実　83
トランスクリプション　141,154

〈ナ　行〉

内包された作者　121
内包された読者　122
内容分析　47
二次的資料　110,111
日常言語的な資源　48
認識の一致　103-105,107-109,113,114, 185
認識の不一致　113,114
認識論的反省　190
ネゴシエーション　80,84,91,186

〈ハ　行〉

パームトップ型　67
パロディ　135
判断留保　99,100
非構造化面接法　25
非参与観察法　28,45
非指示的面接法　25,46,59
非統制的観察法　28
開かれた現実　82
分厚い記述　31,84
フィクショナルな映像データの活用　38
フィールド・ノーツ　72
フォーマル・インタビュー　24
プライバシー　58,66
ブリーチ　37
プロット　120
文化の型　163,165,168,171
分析単位　47
分析的帰納法　33
弁証法的アイロニー　135
方法としての解釈　179
方法の一致　107
「訪問客」としての調査者　168
掘り下げ型のインタビュー　27
本題に関するインタビュー　26

〈マ　行〉

メタローグ　131
面接質問法　45
文字化作業　36
物語言説　117
物語コミュニケーション　121
物語世界　121
物語的アプローチ　119
物語内容　117
『物語分析』　122
物語論　116,173
モノローグ　129

〈ヤ　行〉

役割取得　142
雪だるま式標本法　27,30,55
用語検索機能　67
「よそ者」としての調査者　162
4層構造モデル　103-105,112,113

〈ラ・ワ行〉

ライフドキュメント　40
ライフドキュメントデータの特性　40
羅生門的手法　32,89,173
ラベリング論　195
ラポール　83
リアリティの分離　109,111,112
了解可能性　17
量的調査　15,16,17,23,177,181
類型化　106,107,111,140-142,144-149
類型性　106
類型的　111
レトリック　48,49,53,68,69
レトリックの戦術　48
論弁的パラダイム　88
ワンショット・ケース・スタディ　33

執筆者〈執筆順，＊印は編者〉

＊古賀 正義（こが　まさよし）	1・4・9章担当	中央大学教授
片桐 隆嗣（かたぎり　りゅうじ）	2章担当	東北芸術工科大学教授
森　俊太（もり　しゅんた）	3章担当	静岡文化芸術大学教授
＊北澤　毅（きたざわ　たけし）	5・9・10章担当	立教大学教授
瀬戸 知也（せと　ともや）	6章担当	静岡文化芸術大学教授
阿部 耕也（あべ　こうや）	7章担当	静岡大学教授
清矢 良崇（せいや　よしたか）	8・9章担当	教育学博士

座談会参加者

山村 賢明（やまむら　よしあき）	9章担当	元文教大学教授
陣内 靖彦（じんのうち　やすひこ）	9章担当	聖徳大学教授
苅谷 剛彦（かりや　たけひこ）	9章担当	オックスフォード大学教授

〈社会〉を読み解く技法〔オンデマンド版〕

1997年4月20日　初版発行
2012年4月27日　オンデマンド版発行

編者　北澤　毅
　　　古賀 正義
発行者　石井 昭男
発行所　福村出版株式会社
〒113-0034　東京都文京区湯島2-14-11
電話 03-5812-9702
FAX 03-5812-9705

印刷・製本　デジタルパブリッシングサービス

© T. Kitazawa, M. Koga　1997
Printed in Japan
ISBN978-4-571-41048-2 C3036